今日はどれにする？
86のおいしい雑炊

武蔵裕子

少ないご飯でも食べごたえあり！
雑炊は今注目のバランスごはん。
毎日食べても飽きないレシピを
たっぷりご紹介します。

日本人にとって、雑炊はずっと昔からなじみ深いごはんです。
冬の食卓に欠かせない「鍋のシメ」、
病気のときに食べる「おじや」。
でも、このふたつの食べ方だけで終わらせるのは

　　もったいない！

雑炊のいいところはこんなにたくさん。

・家に残っている、あり合わせのもので作れる
・和・洋・中・エスニック、いろいろな味で楽しめる
・消化がよくてエネルギーや栄養バランスもとれる
・ご飯の量が調整しやすく、油をあまり使わないからヘルシー
・子どもからお年寄りまで誰でも食べやすい
・朝から深夜までいつ食べてもよい、お酒のシメにも最高!
・簡単だから、料理が苦手でも失敗しない

だから、毎日の食事にもぴったりなのです。
この本では、満腹になるボリューム雑炊から、
5分で作れる簡単雑炊、野菜たっぷりのヘルシー雑炊など
80種類以上の雑炊レシピを紹介しています。
お腹のすき具合や気分に合わせて、
バラエティ豊かな雑炊を楽しんでください。

もくじ

雑炊をおいしく作るコツ、じつは奥が深いのです

- 8 　ご飯のこと
- 10 　食材のこと
- 11 　味つけと調理のこと

肉、魚に野菜も入れて。
しっかり食べるバランス雑炊

14	五目中華雑炊	28	ぶりとかぶの甘辛雑炊
16	簡単サムゲタン風雑炊	29	鮭じゃが雑炊
18	担々雑炊	30	えびチリ雑炊
19	かきの和風雑炊	32	カレー雑炊
20	トムヤムクン風雑炊	33	鶏肉ときのこのみそ豆乳雑炊
21	フォー風雑炊	34	えびドリア風雑炊
22	たこと玉ねぎのイタリアン雑炊	35	タコライス雑炊
24	にらキムチ雑炊	36	刺身のせ雑炊
25	塩ちゃんこ雑炊	37	いか焼き雑炊
26	韓国風スンドゥブ雑炊	38	プルコギ雑炊
27	ソルロンタン風雑炊	39	あさりと長ねぎのしょうゆ雑炊

具材少なめ。でも、うまみたっぷり。
すぐ食べられる簡単雑炊

44 とろ〜りチーズ雑炊	53 納豆チゲ雑炊
46 焼きたらこバター雑炊	54 コーンバター雑炊
48 塩麹雑炊	55 落とし卵雑炊
49 もずく雑炊	56 明太しそ雑炊
50 のり雑炊	57 スパイシーハム雑炊
51 梅じそ雑炊	58 焼き鳥雑炊
52 わかめ雑炊	59 ちくわと貝割れ菜のゆずこしょう雑炊

みんな大好き！
シンプル卵雑炊はトッピングでうんとおいしく！

和風卵雑炊に
60　基本の和風卵雑炊
62　和風トッピングの作り方
　　のりのつくだ煮＋みょうが／いりごま＋しば漬け／おかかじょうゆ／カリカリじゃこ／黒ごましらす／チーズ梅／ねぎ＋おろししょうが

中華風卵雑炊に
64　基本の中華風卵雑炊
66　中華風トッピングの作り方
　　黒酢ねぎ／ピリ辛万能ねぎ／カリカリにんにく／しょうがのごま油漬け／いり松の実／ごまザーサイ／ねぎラー油

カロリー控えめでヘルシー！
さっぱり食べる野菜たっぷり雑炊

72	リゾット風トマト雑炊	86	キャベツとパプリカのアンチョビ雑炊
74	さつまいも雑炊	87	クレソンとツナのさっぱり雑炊
76	オクラと貝割れ菜の黒米雑炊	88	野菜のにんにくマヨソースあえ雑炊
77	里いも雑炊	89	モロヘイヤとベーコンの雑炊
78	みどり雑炊	90	小松菜と桜えびの雑炊
79	かぼちゃ雑炊	92	くたくた白菜と帆立の雑炊
80	きのこの豆乳雑炊	93	大豆とこまごま野菜雑炊
81	水菜とかにかまの卵とじ雑炊	94	ゴーヤとスパムの雑炊
82	とろろ雑炊	95	牛肉とごぼうのつくだ煮雑炊
84	キャベツとソーセージのミルク雑炊	96	もやしのみそバター雑炊
85	根菜雑炊	97	ねぎと豆腐のあんかけ雑炊

煮込む手間なし。さらさら食べられる
スープがけごはん＆お茶漬け

100	いり卵雑炊	106	せんべい茶漬け
101	コンビーフとキャベツのカレースープ雑炊	107	ザーサイ中華茶漬け
102	ささみのゆずこしょう雑炊	108	彩り漬けもの茶漬け
103	トマトとしらすのスープ雑炊	109	焼きなすとみょうがのほうじ茶漬け
104	油揚げときゅうりの昆布茶雑炊	110	おにぎり茶漬け
105	豚ポン雑炊	111	ピリ辛なめたけ茶漬け

箸休めに。もうちょっと食べたいときに。
すぐ作れる小さなおかず

- 115　トマトのおろしポン酢
- 115　きゅうりとみょうがの塩もみ
- 116　大根の水キムチ風
- 116　かぶの辛み漬け
- 117　たたききゅうりのピリ辛甘みそ
- 117　小松菜のシンプル塩炒め
- 118　たこと水菜の梅マヨ
- 118　じゃがいものシャキシャキサラダ
- 119　簡単ポテサラ
- 119　グリーンアスパラのペペロンチーノ
- 120　セロリの中華あえ
- 120　うずら卵のゆずこしょう炒め
- 121　レモンれんこん
- 121　生しいたけの焼き漬け
- 122　たたき長いもの梅のりあえ
- 122　野沢菜のごま風味しょうゆ炒め
- 123　もやしのコールスロー
- 123　かぼちゃのごま煮

column

- 40　雑炊ごはんをもっと楽しくする器遊び。好きな器でおいしくいただきます
- 68　手でちぎる、缶汁をだし代わりに…。上手にラクしておいしく作りましょう
- 69　雑炊の1人分のご飯は120～130gが基本。ご飯の量次第でカロリーオフも！
- 112　体調や時間、お腹のすき具合によって選ぶシーン別のおすすめ雑炊

- 124　素材別インデックス

この本の使い方
- ●材料と作り方は1人分を基本としています。
- ●計量の単位は1カップ＝200㎖、大さじ1＝15㎖、小さじ1＝5㎖です。
- ●電子レンジの加熱時間は600Wの場合の目安です。500Wの場合は加熱時間を1.2倍にするなど、お手持ちの機器に合わせて調整してください。

雑炊をおいしく作るコツ、
じつは奥が深いのです

雑炊の作り方はとても簡単ですが、ちょっとしたコツを知っていれば、
おいしさが格段に変わります。どの雑炊にも応用できるので、ぜひ覚えて。

ご飯のこと

お米から炊くおかゆと違い、雑炊は炊き上がったご飯を使います。
まずは基本となる、ご飯の選び方、扱い方を知っておきましょう。

お米の種類もいろいろ。
お好みで選んで

ご飯であれば、残りご飯でもいいし、冷凍ご飯でもOK。黒米、五穀米などを白米とミックスさせたり、麦飯にしたり、楽しみ方はいろいろ。ご飯ひとつで雑炊の味わいがグンと広がります。

サッとひと洗いして
粘りを取るとおいしい

ご飯をそのまま鍋に入れると、ぬめりや粘りが出てドロドロの雑炊になってしまいます。面倒でも一度ざるに入れて、表面をサッと水洗いしましょう。

こんなときは…?

ご飯の保存はどうしたらいい？

炊いたご飯が余ったら、雑炊用として120～130g分ずつ、小分け冷凍にしておくと便利。時間がないときにも、すぐに準備できますよ。

冷凍ご飯はそのまま投入してもいいの？

電子レンジで解凍し、炊いたご飯と同じ状態にします。そのあと、ざるに入れて流水で洗い、表面のぬめりを落として。

ご飯のストックがないけど、すぐ食べたい！

スーパーやコンビニで売っている、ご飯パックを常備しておくと便利。100gずつ小分けにされたタイプなら、雑炊にぴったりの量なのでそのまま使えます。200gの場合は、半分に分けて冷凍を。

食材のこと

シンプルな組み合わせでも、うまみの出る食材をうまく取り入れれば、雑炊はびっくりするほどおいしくなります。

うまみの出るだし食材を
上手に活用しましょう

おいしい雑炊にはだしが必要ですが、時間をかけてだしを取る必要はありません。ベーコンやハムなど肉の加工品、ちくわなどの練りもの、干しえび、帆立缶などうまみの多い食材を使えば、いいだしが溶け出します。

ちょっと添えるだけで
味わいが変わります

和風、洋風、中華風と、いろいろなテイストが楽しめる雑炊。仕上げにいりごまや粗びき黒こしょうをふったり、ピザ用チーズをかければ、さらに風味とコクが増します。

> **こんな方法も！**
>
> **トッピングで変化をつけるという手もあり！**
>
> この本では、具材をご飯にのせて混ぜながら食べる雑炊も紹介しています。丼風に炒めたおかずをのせたり、自家製トッピング（P60～）でいろいろな味を楽しんだり、新しい雑炊の味わいを楽しんで。

味つけと調理のこと

具材とご飯を煮るだけなので、基本的にはとても簡単。
以下のポイントを心がければ、たちまち雑炊達人に！

味つけは「少し薄め」がおすすめです

雑炊の味つけは、パンチのある味より飽きないことが大切。ひと口食べたとき、少し薄めかな？　と思うくらいがちょうどよく、おいしく完食できます。濃すぎたら、水や野菜を足して調整を。

野菜に火を通すタイミングに気をつけて

野菜はものにより、火が通る早さがまちまち。かたいものは先に火を通し、やわらかい葉ものはあとから入れるなど、入れるタイミングはレシピの手順を守りましょう。

ご飯に火を通す時間はお好みで

レシピには目安の加熱時間を明記していますが、好みでもOK。さらっと食べたいなら、ご飯を加熱する時間を短くしたり、逆に長めに煮込んでおかゆ風にしても。好きな食感で作ってみて。

肉、魚に野菜も入れて。
しっかり食べるバランス雑炊

雑炊のご飯の量は、普通の茶碗1杯より少なめ。
お腹がいっぱいになるイメージは、あまりないかもしれません。
でも、具だくさんにすればボリュームアップは簡単！
肉、魚、野菜、豆腐…どんな食材も合わせやすく、
何品もおかずを並べるのと変わらないくらい、
バランスのいい食事がとれます。

五目中華雑炊

雑炊は、具材次第でボリューム感が自在。
肉や野菜をたっぷり入れた中華風なら、コクがあってお腹にたまり、大満足です。

材料（1人分）
豚こま切れ肉（食べやすい大きさに切る）　80g
水煮たけのこ（食べやすい大きさの薄切り）　30g
にんじん（せん切り）　3cm分（30g）
しいたけ（軸を切って薄切り）　1個
水　1と1/2カップ
鶏ガラスープの素　小さじ1/3
A ┌ オイスターソース　小さじ1
　├ 酒　小さじ1
　└ 塩　少々
ご飯（サッと洗う）　軽く茶碗1杯分（120～130g）
絹さや（斜め細切り）　2～3枚
ごま油　大さじ1/2

作り方
1. 鍋にごま油を熱して豚肉を炒め、肉の色が変わってきたら、たけのこ、にんじん、しいたけを加えて炒め合わせる。
2. 水、鶏ガラスープの素を加え、煮立ったらアクを取ってAで調味する。
3. ご飯、絹さやを加え、弱火で3分ほど煮る。

オイスターソースで
ちょっぴりコクを加えて

簡単サムゲタン風雑炊

滋養強壮で知られる韓国料理の薬膳スープを、手羽中で簡単に再現。
火の通りが早く、骨からうまみがたっぷり出るのでだしいらず。
にんにく、しょうがで体も温まります。

材料（1人分）
鶏手羽中　3〜4本
A ┌ 水　1と1/2カップ
　├ 酒　大さじ1/2
　├ にんにく（薄切り）　小1片
　└ しょうが（薄切り）　小1かけ
ご飯（サッと洗う）
　軽く茶碗1杯分（120〜130g）
しいたけ（軸を切って薄切り）　1個
塩・粗びき黒こしょう　各少々
長ねぎ（薄い小口切り）　少々
ごま油　少々

作り方
1. 鍋に手羽中、Aを入れて火にかけ、煮立ったらご飯を加えて弱火で5〜6分煮る。
2. しいたけを加えて塩、粗びき黒こしょうで味をととのえる。長ねぎを加え、ひと煮立ちさせてごま油をたらす。
3. 器に盛り、好みで粗びき黒こしょう（分量外）をさらにふっても。

うまみたっぷり。
食べごたえもあります

ごまの風味豊か！ 野菜もたっぷりです

担々雑炊

担々麺や鍋でおなじみのピリ辛肉みそは、ご飯にもマッチ。
コクがあり、しっかり食べたいときにうってつけです。

材料（1人分）
豚ひき肉　70g
豆板醤　小さじ1/3
もやし（ひげ根を取る）　1/3袋（70g）
にら（3cm幅に切る）　1/3束（4～5本）
水　1と1/2カップ
鶏ガラスープの素　小さじ1/3
みそ　大さじ1
A ┌ にんにく（すりおろす）　小1片
　│ 白すりごま　適量
　└ ごま油　少々
ご飯　軽く茶碗1杯分（120～130g）
サラダ油　大さじ1/2

作り方
1　鍋にサラダ油を熱し、豆板醤を炒める。ひき肉を加え、肉の色が完全に変わったらもやし、にらを加えて炒め合わせる。
2　野菜が少ししんなりしたら水、鶏ガラスープの素、みそを加える。ひと煮立ちさせてご飯を加え、弱火で5～6分煮る。仕上げにAを順に加える。器に盛り、好みですりごま（分量外）をふる。

冬、かきのおいしい季節にぜひ

かきの和風雑炊

スタミナアップに役立つかきは、疲れているときにとりたい食材。
雑炊仕立てにすれば、食欲が落ちているときもするっと食べられます。

材料（1人分）
- かき　3〜4個
- 水　1と1/2カップ
- 和風顆粒だしの素　小さじ1/3
- A
  - 酒　大さじ1
  - 塩　少々
  - しょうゆ　小さじ1/2
- ご飯（サッと洗う）
  - 軽く茶碗1杯分（120〜130g）
- 三つ葉（1〜2cmのざく切り）　2〜3本

作り方
1. かきはざるに入れ、薄い塩水の中でふり洗いし、キッチンペーパーで水けをよく拭き取る。
2. 鍋に水、和風顆粒だしの素を入れて火にかけ、煮立ったらAで調味する。かきを入れて弱火で2分ほど煮たら、ご飯を加えてさらに2分ほど煮る。
3. 器に盛り、三つ葉、あれば、せん切りにしたゆずの皮（分量外）を散らす。

ライムの代わりにレモンでお手軽に

トムヤムクン風雑炊

タイ料理でおなじみ、トムヤムクンスープを
マイルドな雑炊にアレンジ。
ココナッツミルクの代わりに牛乳を使えば簡単です。

材料（1人分）
えび（ブラックタイガー）　3尾
水　1カップ
鶏ガラスープの素　小さじ1/3
春雨（ショートタイプ）　10g
しいたけ（軸を切って薄切り）　1個
玉ねぎ　（薄切り）1/4個
A ┌ しょうが（せん切り）　小1かけ
　│ レモン汁・コチュジャン　各小さじ1
　└ 牛乳　1/2カップ
ご飯（サッと洗う）
　軽く茶碗1杯分（120〜130g）
B ┌ ナンプラー　小さじ1/2
　└ 塩・こしょう　各少々

作り方
1　えびは尾の一節を残して殻をむく。
2　鍋に水、鶏ガラスープの素を入れて火にかけ、煮立ったら春雨、しいたけ、玉ねぎ、えびを加える。ひと煮立ちしたらAを順に加える。
3　ご飯を加えて弱火でさらに3〜4分煮込み、Bを加えて味をととのえる。器に盛り、好みで香菜をのせ、レモン（ともに分量外）を添える。

材料（1人分）

鶏胸肉（薄めにそぎ切り）
　1/3枚（約100g）
水　1と1/2カップ

A ┌ 鶏ガラスープの素　小さじ1/3
　├ しょうゆ　小さじ1
　├ レモン汁　大さじ1/2
　└ ナンプラー　小さじ1と1/2

ご飯（サッと洗う）
　軽く茶碗1杯分（120〜130g）
レタス（食べやすい大きさにちぎる）　1枚
香菜（葉を摘む）　適量
ごま油　少々
レモン（小さく切る）　薄切り1枚

作り方

1. 鍋に水を入れて火にかけ、煮立ったら鶏肉を加えて2〜3分煮る。Aを加えて調味する。
2. ご飯を加え、弱火でさらに3分ほど煮たら、レタスを加えてサッと煮る。仕上げに香菜をのせ、ごま油をふってレモンを散らす。

フォー風雑炊

フォーの麺の代わりにご飯を煮込んだ、
ベトナム風の変わり雑炊。スープを少し多めにすると、
お茶漬けのようにさらさら食べられておいしい。

鶏のうまみが溶け出したスープが絶品

あっさり味のリゾット風も新鮮です

たこと玉ねぎのイタリアン雑炊

玉ねぎを炒めて味に深みを出し、トマトで酸味をプラス。
塩とオリーブ油で、さっぱりと食べやすく仕上げました。

材料（1人分）
たこ（小さめの角切り）　60〜70g
玉ねぎ（粗みじん切り）　1/4個
にんにく（粗みじん切り）　小1片
水　1と1/2カップ
顆粒コンソメ　小さじ1/3
塩・こしょう　各少々
ご飯（サッと洗う）　軽く茶碗1杯分（120〜130g）
プチトマト（ヘタを取り4等分に切る）　4個
オリーブ油　大さじ1/2

作り方
1　鍋にオリーブ油を熱し、玉ねぎ、にんにくを炒める。香りが出てきたら、水、顆粒コンソメを加える。
2　煮立ったら塩、こしょうで味をととのえ、ご飯、プチトマトを加えて弱火で2〜3分煮る。
3　たこを加えてひと煮立ちしたらオリーブ油（分量外）をたらす。

にらキムチ雑炊

うまみの強い白菜キムチを入れれば、それだけで濃厚な味に。
にらと豚肉でスタミナもつきます。卵はお好みで。

材料（1人分）
にら（3cm幅に切る）　1/3束（4～5本）
豚バラ薄切り肉
　（2～3cm幅に切る）　80g
白菜キムチ（ざく切り）　80g
水　1と1/2カップ
鶏ガラスープの素　小さじ1/3
ご飯（サッと洗う）
　軽く茶碗1杯分（120～130g）
塩・しょうゆ　各少々
卵　1個
ごま油　小さじ1

作り方

1　鍋にごま油を熱し、豚肉を炒める。肉の色が変わってきたら水、鶏ガラスープの素を加える。

2　煮立ったらご飯、キムチを加え、塩、しょうゆで味をととのえる。弱火で3分ほど煮たら、にらを加えて卵を落とし入れる。

スタミナをつけたいときにおすすめ

食欲が落ちたときにもするする食べられる

塩ちゃんこ雑炊

鶏ひき肉は丸めずに、そのまま入れるので鍋より手軽。
塩分をとりたい夏にもおすすめの1品です。

材料（1人分）
鶏ももひき肉　100g
しめじ（石づきを取り、ほぐす）
　1/3パック
水　1と1/2カップ
和風顆粒だしの素　小さじ1/3
塩　小さじ1/2
ご飯（サッと洗う）
　軽く茶碗1杯分（120〜130g）
水菜（ざく切り）　2〜3本
サラダ油　小さじ1

作り方
1　鍋にサラダ油を熱し、ひき肉を炒める。肉の色が完全に変わったら水、和風顆粒だしの素を加え、アクを取って塩で調味する。
2　しめじ、ご飯を加えて弱火で3分ほど煮たら、水菜を加えてひと煮立ちさせる。

あさりのうまみたっぷり。
お好みで卵を割り入れても

韓国風スンドゥブ雑炊

ご飯と豆腐をいっしょに煮込むと、意外なほどのおいしさ！
辛い味が好きならさらに一味唐辛子をふっても。

材料（1人分）
絹ごし豆腐　1/3丁（約100g）
あさり　50g
水　1と1/2カップ
A ┌ みそ　大さじ1と1/2
　├ コチュジャン　小さじ1/2〜1
　└ 砂糖　小さじ1
ご飯（サッと洗う）
　軽く茶碗1杯分（120〜130g）
長ねぎ（斜め切り）　1/4本

作り方
1　豆腐は水けをきり、食べやすく切る。あさりは砂抜きしてよく洗う。
2　鍋に水、あさりを入れて火にかけ、あさりの口が開いたらいったん取り出す。Aを溶き入れ、ご飯、豆腐を加えて弱火で3分ほど煮る。
3　長ねぎを加え、ひと煮立ちさせて火を止める。器に盛り、あさりをのせる。

材料(1人分)
牛切り落とし肉(食べやすい大きさに切る) 80g
水 2カップ
鶏ガラスープの素 小さじ1/3
大根(4～5mm厚さのいちょう切り) 2cm分(40g)
にんにく(縦半分に切る) 1片
ご飯(サッと洗う) 軽く茶碗1杯分(120～130g)
塩 小さじ1/3
万能ねぎ(小口切り) 適量

作り方
1. 鍋に水、鶏ガラスープの素を入れ、牛肉、大根、にんにくを入れて火にかける。アクを取りながら、弱めの中火で2～3分煮る。
2. ご飯を加え、弱火でさらに3分ほど煮たら、塩で味をととのえる。
3. 器に盛り、万能ねぎをのせる。

ソルロンタン風雑炊

牛肉とご飯をサッと煮込んで、手軽なごちそう雑炊に。
アクが出るので、こまめに取りながら煮込むのがコツ。

お手軽韓国風。コクのある味わいです

材料（1人分）

- ぶり（1.5cm角に切る）　1切れ
- かぶ　1個
- A
  - 水　1と1/2カップ
  - 和風顆粒だしの素　小さじ1/3
  - 酒・みりん　各大さじ1/2
  - 砂糖　小さじ1
  - しょうゆ　大さじ2/3
- ご飯（サッと洗う）
  - 軽く茶碗1杯分（120〜130g）

作り方

1. かぶは実を角切りにし、葉を少々小口切りにする。
2. 鍋にAを入れて火にかけ、煮立ったらかぶ（葉も）、ぶりを入れて3分ほど煮る。
3. ご飯を加え、弱火でさらに3分ほど煮る。

ぶりとかぶの甘辛雑炊

スープをしっかり沸騰させたところにぶりを加えれば、くさみもなし。
冬のかぶで作れば、甘みもさらに増します。

かぶの甘みが味わえる甘辛和風味

材料（1人分）

- 甘塩鮭（3～4等分に切る）　1切れ
- じゃがいも　小1個
- 水　1と1/2カップ
- 和風顆粒だしの素　少々
- 酒　大さじ1/2
- ご飯（サッと洗う）
  - 軽く茶碗1杯分（120～130g）
- しょうゆ　小さじ1/2
- 塩　少々
- 万能ねぎ（小口切り）・黒いりごま　各適量

作り方

1. じゃがいもは7～8mm厚さのいちょう切りにして、水にさらす。
2. 鍋に水、和風顆粒だしの素、じゃがいもを入れて火にかけ、3～4分煮る。鮭、酒を加えてさらに2～3分煮たら、ご飯を加えて弱火で2分ほど煮る。しょうゆ、塩で味をととのえる。
3. 器に盛り、万能ねぎ、いりごまをふる。

鮭じゃが雑炊

鮭は焼かずに煮込んでいるので、ほろっと崩れるようにやわらか。
エネルギーになるじゃがいも入りで、朝食にもおすすめです。

じゃがいも入りで腹もちもいい！

えびチリ雑炊

えびチリソースを作る要領で味つけすれば、本格中華風!
さっぱりしているのに食べごたえがある、新感覚の雑炊です。

材料(1人分)
むきえび 5〜6尾(約80g)
A ┌ にんにく(みじん切り) 小1片
　├ しょうが(みじん切り) 小1かけ
　└ 長ねぎ(みじん切り) 1/3本
B ┌ ケチャップ 大さじ1と1/2
　├ 酒 大さじ1/2
　├ しょうゆ 小さじ1/2
　├ 豆板醤 小さじ1/3〜1/2
　├ ごま油 小さじ1
　├ 鶏ガラスープの素 小さじ1/3
　└ 水 1と1/2カップ
ご飯(サッと洗う) 軽く茶碗1杯分(120〜130g)
サラダ油 大さじ1/2

作り方
1　Bは混ぜ合わせておく。
2　鍋にサラダ油を熱し、弱めの中火でAを炒める。香りが出てきたらえびを加え、色が変わったら、混ぜ合わせたBを加える。
3　煮立ったらご飯を加え、弱火で3分ほど煮る。

えびたっぷりのごちそう雑炊です

材料（1人分）

豚こま切れ肉
　（食べやすい大きさに切る）　80g
じゃがいも　小1個
玉ねぎ（薄切り）　1/4個
にんじん（薄いいちょう切り）　2cm分（20g）

A
- 水　2カップ
- 和風顆粒だしの素　小さじ1/3
- カレー粉　小さじ1
- しょうゆ　小さじ1/2

塩　小さじ1/3
ご飯（サッと洗う）
　軽く茶碗1杯分（120～130g）
サラダ油　大さじ1/2

作り方

1. じゃがいもは7～8mm厚さのいちょう切りにして、水にさらす。
2. 鍋にサラダ油を熱し、豚肉、じゃがいも、玉ねぎ、にんじんを炒める。肉の色が変わったらAを順に加え、塩で味をととのえる。
3. ご飯を加え、弱火で4～5分煮る。

カレー雑炊

カレーライスが食べたいけれどカロリーが気になる…。
そんなときは雑炊にチェンジ。これならヘルシー！

さっぱり、
スープカレー感覚で楽しめる

豆乳とみその相性もバツグンの
コクあり雑炊

鶏肉ときのこのみそ豆乳雑炊

みそのコクと鶏肉のうまみが油揚げにしみて、シンプルなのに満足感あり。
豆乳で煮るとまろやかさも加わります。

材料（1人分）

鶏もも肉
　（小さめのひと口大に切る）　1/2枚
えのきだけ
　（根元を取り小さく切る）　1/3袋
しいたけ（軸を切って4等分に切る）　1個
A ┌ 水　1カップ
　│ 和風顆粒だしの素　小さじ1/3
　└ 酒　大さじ1/2
ご飯（サッと洗う）
　軽く茶碗1杯分（120〜130g）
油揚げ（1cm角に切る）　1/2枚
B ┌ 豆乳　1/2カップ
　└ みそ　大さじ1

作り方

1. 鍋にA、鶏肉を入れて火にかける。煮立ったらアクを取りながら弱火で5〜6分煮る。
2. ご飯、きのこ類、油揚げを加えて少し煮込み、Bを加えて1〜2分煮る。

とろ〜りチーズで洋風も楽しめます

材料（1人分）
- むきえび　4〜5尾
- 玉ねぎ（みじん切り）　1/4個
- 水　1と1/2カップ
- 顆粒コンソメ　小さじ1/3
- 塩・こしょう　各少々
- ご飯（サッと洗う）
　軽く茶碗1杯分（120〜130g）
- ハム（1cm角に切る）　1枚
- ピザ用チーズ　30g
- パセリ（みじん切り）　適量
- サラダ油　小さじ1

作り方
1. 鍋にサラダ油を熱し、玉ねぎを炒める。しんなりしたらえびを加えて炒め合わせ、水、顆粒コンソメを加える。
2. 煮立ったらアクを取り、塩、こしょうで味をととのえ、ご飯、ハムを加えて弱火で3分ほど煮る。
3. チーズを散らし、ふたをしてさらに1〜2分煮る。チーズが溶けたら火を止め、器に盛ってパセリをふる。

えびドリア風雑炊

ホワイトソースは使わないけれど、食べるとドリア!?　雑炊にすれば、カロリーも気になりません。えびの代わりに、鶏ささみなどで作っても。

フレッシュな野菜をたっぷりのせて

材料（1人分）
合いびき肉　80g
玉ねぎ（みじん切り）　大さじ3
水　1と1/2カップ
顆粒コンソメ　小さじ1/3
A ┌ トマトケチャップ　大さじ1
　├ 中濃ソース　大さじ1/2
　└ 塩・こしょう　各少々
ご飯（サッと洗う）
　軽く茶碗1杯分（120～130g）
レタス（短い細切り）　1枚
プチトマト（ヘタを取り4等分に切る）　1個
アボカド（小さめの角切り）　1/4個
プロセスチーズ（小さめの角切り）　1枚
サラダ油　小さじ1

作り方
1　鍋にサラダ油を熱し、玉ねぎを炒める。しんなりしたらひき肉を加え、完全にポロポロになるまで炒める。
2　水、顆粒コンソメを加え、煮立ったらAで調味する。ご飯を加えて弱火で3分ほど煮る。
3　器に盛り、レタス、プチトマト、アボカド、チーズをのせて、混ぜながら食べる。

タコライス雑炊

**沖縄料理でおなじみ、タコライスは雑炊にしてもおいしい！
ケチャップ味のご飯だから食べやすく、子どもにも喜ばれます。**

刺身のせ雑炊

刺身が余ったときは、漬けにして雑炊にするのも手。
ゆずこしょうでピリッと引き締まった味になります。

さらさらっとお茶漬け感覚でどうぞ

材料（1人分）

好みの刺身　80〜100g
A ［ しょうゆ　大さじ1/2
　　ゆずこしょう　小さじ1/2 ］
水　1と1/2カップ
和風顆粒だしの素　小さじ1/3
塩・しょうゆ　各少々
ご飯（サッと洗う）
　軽く茶碗1杯分（120g）
万能ねぎ（小口切り）　少々
白いりごま　少々

作り方

1. 刺身は混ぜ合わせたAに10〜15分漬けておく。
2. 鍋に水、和風顆粒だしの素を入れて火にかけ、煮立ったら塩、しょうゆで味をととのえる。ご飯を加えて弱火で3分ほど煮る。
3. 器に盛り、万能ねぎ、いりごまをふる。1の刺身を添えてのせながら食べる。

材料（1人分）

するめいか（新鮮なもの）　1/2はい
A － みりん・しょうゆ　各大さじ1
水　1と1/2カップ
和風顆粒だしの素　小さじ1/3
塩・しょうゆ　各少々
ご飯（サッと洗う）
　軽く茶碗1杯分（120～130g）
三つ葉（2～3cm幅に切る）　3～4本

作り方

1. いかはわたを引き抜いて胴の中をよく洗い、皮をむいて1枚に開く。表面に格子状に切れ目を入れ、2～3cmの角切りにしてAに10分ほど漬ける。
2. 魚焼きグリルにいかをのせ、両面焼きで2～3分焼く（片面焼きは2分ずつ焼く）。
3. 鍋に水、和風顆粒だしの素を入れて火にかけ、煮立ったら塩、しょうゆで味をととのえる。
4. ご飯を加えて弱火で3分ほど煮たら、三つ葉を加えてひと煮立ちさせる。器に盛り、2のいかをのせる。

いか焼き雑炊

焼いたいかをのせただけなのに、あとをひくおいしさ！
お酒のシメにも合います。いかは、ぜひ鮮度のいいものを使って。

いかはサッと焼くだけ。
煮込むのとは違ったおいしさ

材料（1人分）

牛切り落とし肉
　（食べやすい大きさに切る）　100g

A
- しょうゆ　大さじ1/2
- オイスターソース　大さじ1/2
- 酒　小さじ1
- にんにく（すりおろす）　少々
- 白いりごま　小さじ1/2
- はちみつ　大さじ1/2

にんじん（せん切り）　3㎝分（30g）
もやし（ひげ根を取る）　約1/6袋（30g）
ピーマン（細切り）　小1個
水　1と1/2カップ
鶏ガラスープの素　少々
ご飯（サッと洗う）
　軽く茶碗1杯分（120～130g）
塩・しょうゆ・こしょう　各少々
サラダ油　大さじ1/2

作り方

1. Aはよく混ぜ合わせておく。
2. フライパンにサラダ油を熱し、牛肉を炒める。肉の色が変わったらにんじん、もやし、ピーマンを加えて炒め合わせ、しんなりしたらAを加えて調味し、取り出す。
3. 鍋に水、鶏ガラスープの素を入れて火にかけ、煮立ったらご飯を入れて弱火で3分ほど煮る。塩、しょうゆ、こしょうで味をととのえる。
4. 器に盛り、2をたっぷりのせる。

ボリュームたっぷり焼き肉のせ！

プルコギ雑炊

おかずもしっかり食べたいときは、これに決まり。
プルコギはしっかり味をつけ、ご飯を薄味にすると
混ぜて食べたときにバランスがよくなります。

あさりときのこのだしがたっぷり
・・・・・・・・・・・・・・・・・・・・・

あさりと長ねぎのしょうゆ雑炊

たっぷりのあさりからうまみが出るので、だしいらず。
少し多めのスープでさらっと食べられます。まいたけは、好みのきのこに変えても。

材料（1人分）
あさり　150g
水　1と1/2カップ
ご飯（サッと洗う）
　軽く茶碗1杯分（120〜130g）
長ねぎ（小口切り）　1/3本
まいたけ（手でほぐす）　1/2パック
A ［ 酒　大さじ1/2
　　塩・しょうゆ　各少々 ］

作り方
1　あさりは砂抜きしてよく洗う。
2　鍋に水、あさりを入れて火にかけ、あさりの口が開いたらいったん取り出す。ご飯、長ねぎ、まいたけ、Aを加えて弱火で2〜3分煮る。
3　器に盛り、あさりをのせる。

column 1

雑炊ごはんをもっと楽しくする器遊び。
好きな器でおいしくいただきます

お茶碗では小さいし、うどんの器では大きすぎ…。
意外に迷ってしまう雑炊の器。
でも、難しく考えないで。汁ものが入れられる
少し深めの器なら、じつは何でも合うんです。

カフェオレボウルやスープボウルでもいいし、
耐熱のココットやグラタン皿に
盛りつけてもおしゃれ。
直火で作りたい落とし卵や卵雑炊は、
1人用のミニ土鍋があれば、上手に作れます。

器選びは、メニューと気分次第。
手持ちの食器を自由に組み合わせて
雑炊コーディネートを楽しんで！

こんな器がおすすめ！

耐熱ココット
電子レンジも直火もOKだから、いろいろな雑炊に幅広く使えます。あれば、直径は15cm程度のものを使って。

スープ用の器
深さがあって口が広いスープボウルは万能。具の多い野菜雑炊や、スープがけ雑炊にも最適です。

ボウル形の器
定番は、カフェオレボウルや小丼鉢など深さのある器。テイストを選ばない白と、黒などの濃色の器がおすすめ。

1人用の土鍋
煮込んですぐ食卓に出せるので、アツアツで食べられるのがうれしい。高さ5cm程度の深すぎない鍋が雑炊向き。

具材少なめ。でも、うまみたっぷり。
すぐ食べられる簡単雑炊

とにかくすぐに食べたい！
そんな腹ペコ緊急事態！　のときこそ雑炊の出番。
簡単＆スピードの秘訣は、「だし」が出る食材を使うこと。
納豆、のり、チーズ、ちくわ、たらこといった常備食材を入れるだけで、
おいしい雑炊のでき上がり。
材料を切るのも、味つけも必要最小限です。

43

とろ～りチーズ雑炊

ピザ用チーズをのせるだけで、おしゃれなリゾット風に。
好みで粗びき黒こしょうをふっても。

材料（1人分）
ピザ用チーズ　30～40g
水　1と1/2カップ
顆粒コンソメ　小さじ1/3
塩・こしょう　各少々
ご飯（サッと洗う）　軽く茶碗1杯分（120～130g）
パセリ（みじん切り）　少々

作り方
1　鍋に水、顆粒コンソメを入れて火にかけ、煮立ったら塩、こしょうで味をととのえる。
2　ご飯を加えて弱火で2～3分煮たら、チーズを加え、ふたをしてチーズを溶かす。器に盛り、パセリをふる。

シンプルにチーズだけ！
アツアツをふうふうして

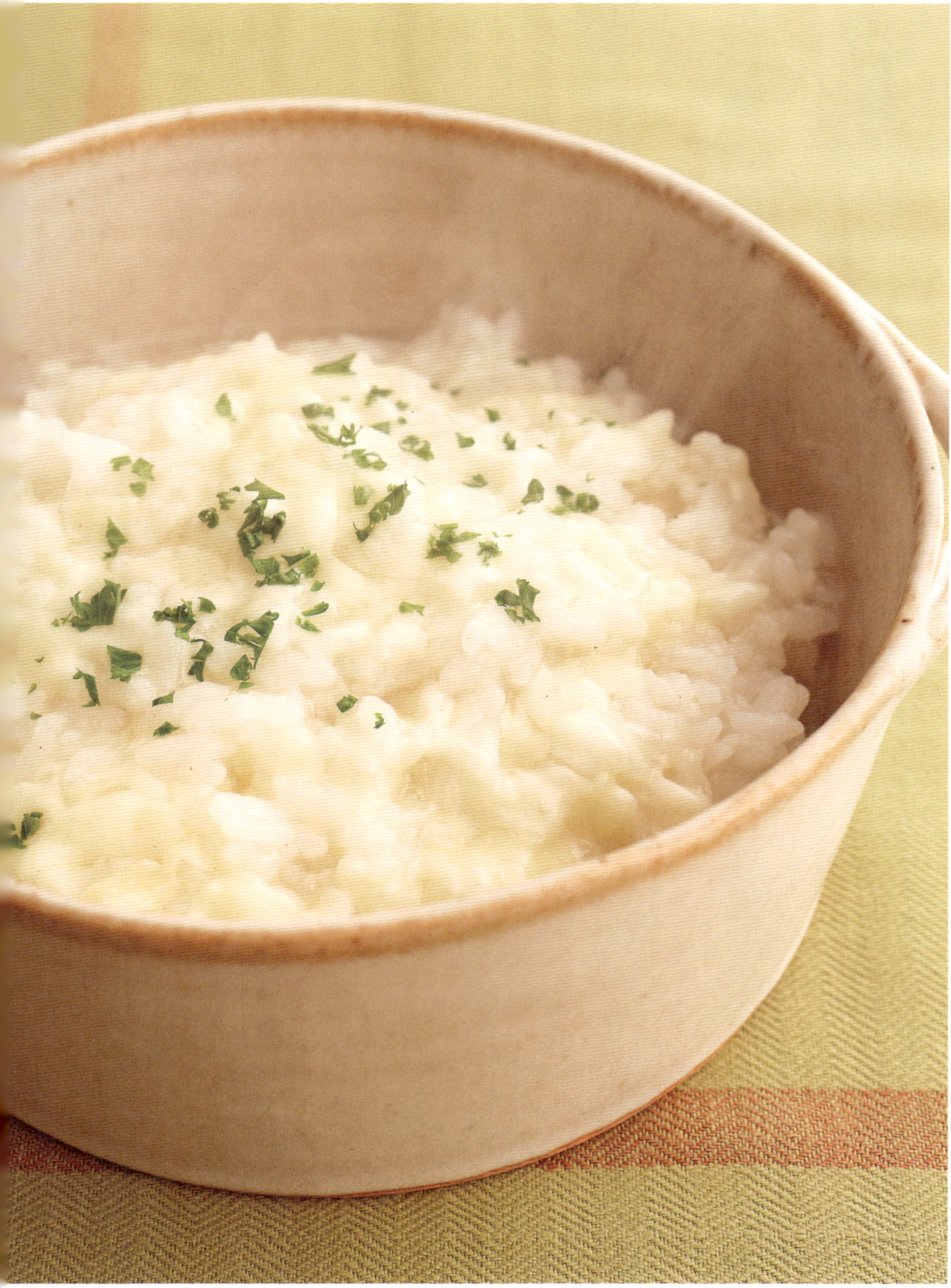

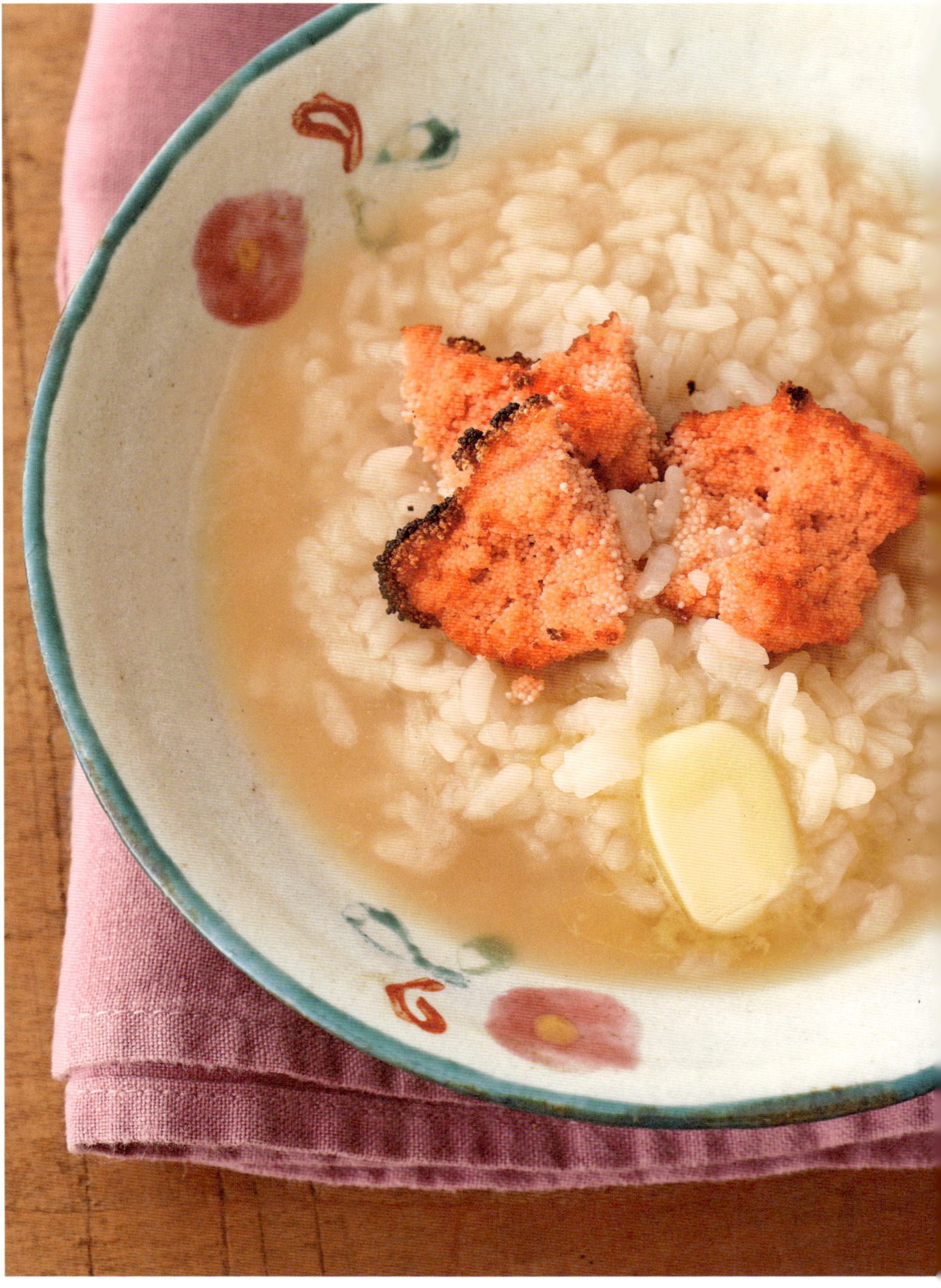

焼きたらこバター雑炊

ご飯のおともに欠かせないたらこは、雑炊のトッピングにもぴったり。
バターをのせればコクと風味がアップ!

材料(1人分)
たらこ 1/2腹(約30~40g)
水 1と1/2カップ
和風顆粒だしの素 小さじ1/3
塩・しょうゆ 各少々
ご飯(サッと洗う) 軽く茶碗1杯分(120~130g)
バター 大さじ1

作り方
1 たらこは、魚焼きグリルやトースターでよく焼き、切るかほぐしておく。
2 鍋に水、和風顆粒だしの素を入れて火にかけ、煮立ったら塩、しょうゆで味をととのえる。
3 ご飯を加えて弱火で2~3分煮たらバターを落とす。器に盛り、たらこ、好みでバター(分量外)をのせる。

バターをのせるのがおいしさのポイント

熟成された
塩麹のうまみで味わう

材料（1人分）
塩麹　大さじ1〜1と1/2
水　1と1/2カップ
塩　少々
ご飯（サッと洗う）
　軽く茶碗1杯分（120〜130g）
貝割れ菜（2〜3cm長さに切る）　適量

作り方
1　鍋に水を入れて火にかけ、煮立ったら塩麹、塩を加えて味をととのえる。
2　ご飯を加えて弱火で2〜3分煮たら、貝割れ菜を散らす。

塩麹雑炊

味つけ調味料として人気の塩麹。
深いうまみがあるので
だしいらずなのに、おいしさバツグン！

もずく雑炊

ご飯ともずくの意外な組み合わせも雑炊ならマッチ。
不足しがちな海藻が手軽にとれます。

するするっと食べられる軽さがうれしい

材料（1人分）
もずく（味つけなしタイプ）　40g
水　1/2カップ
鶏ガラスープの素　小さじ1/3
しょうが（せん切り）　小1かけ
塩・しょうゆ　各少々
ご飯（サッと洗う）
　軽く茶碗1杯分（120〜130g）
ごま油　少々

作り方
1. もずくは長ければ食べやすい長さに切っておく。
2. 鍋に水、鶏ガラスープの素を入れて火にかけ、煮立ったらしょうがを加えて、塩、しょうゆで味をととのえる。
3. ご飯を加えて弱火で2〜3分煮たら、もずくを加えて1分ほど煮る。仕上げにごま油をたらす。好みでせん切りにしたしょうが（分量外）をのせても。

のり雑炊

夜遅く帰ったときなど、小腹を満たしたいときにおすすめ。
お茶漬けのようにさっぱり食べられて胃もたれしません。

ちょっぴりわさびを効かせて。お酒のあとにも

材料（1人分）
焼きのり　全型1/2枚
水　1と1/2カップ
和風顆粒だしの素　小さじ1/3
A ┌ みりん　大さじ1/2
　├ 塩　小さじ1/3
　└ しょうゆ　小さじ1
ご飯（サッと洗う）
　軽く茶碗1杯分（120〜130g）
わさび　適量

作り方
1　鍋に水、和風顆粒だしの素を入れて火にかけ、煮立ったらAで調味する。
2　焼きのりを小さくちぎって加え、ご飯を加えて弱火で2〜3分煮る。器に盛り、わさびをのせる。

材料（1人分）
梅干し　中〜大1個
水　1と1/2カップ
和風顆粒だしの素　小さじ1/3
塩・しょうゆ　各少々
ご飯（サッと洗う）
　軽く茶碗1杯分（120〜130g）
大葉　2〜3枚

作り方
1. 鍋に水、和風顆粒だしの素を入れて火にかけ、煮立ったら塩、しょうゆで味をととのえる。
2. ご飯を加えて弱火で2〜3分煮たら、梅干しをちぎって加える。さらに1分ほど煮て火を止める。器に盛り、小さくちぎった大葉を散らす。

梅じそ雑炊

梅干しも大葉も、手でちぎって加えるだけ。
包丁いらずでラクチンです。梅干しは甘くないものを使って。

包丁いらず。あっという間に作れます

わかめ雑炊

常備している乾燥わかめがお役立ち。スープを多めにして、
だし茶漬け風にするとさっぱりおいしく食べられます。

鶏ガラスープの素を使って中華風に

材料（1人分）
乾燥わかめ（水でもどす）　小さじ1
水　1と1/2カップ
鶏ガラスープの素　小さじ1/3
A ┌ ごま油　小さじ1/3
　└ 塩・しょうゆ　各少々
ご飯（サッと洗う）
　軽く茶碗1杯分（120〜130g）
白いりごま　適量

作り方
1 鍋に水、鶏ガラスープの素を入れて火にかけ、煮立ったらAを加えて味をととのえる。
2 水けをきったわかめを加えて1分ほど煮たら、ご飯を加えて弱火でさらに2〜3分煮る。器に盛り、いりごまをふる。

納豆チゲ雑炊

発酵食コンビの納豆とキムチ入りだからうまみたっぷり。
おかわりしたくなるおいしさです。卵はふつうの卵でも。

納豆とキムチの風味がクセになりそう

材料（1人分）
納豆（あればひきわり）　1パック
白菜キムチ（小さく刻む）　50g
水　1と1/2カップ
鶏ガラスープの素　小さじ1/3
塩・しょうゆ　各少々
ご飯（サッと洗う）
　軽く茶碗1杯分（120〜130g）
うずらの卵（あれば）　1個

作り方
1　鍋に水、鶏ガラスープの素を入れて火にかけ、煮立ったらキムチを加えて少し煮る。
2　納豆、塩、しょうゆで味をととのえ、ご飯を加えて弱火で2〜3分煮る。
3　器に盛り、うずらの卵を落とす。

コーンバター雑炊

コーンの甘みとバターのしょっぱさがたまらない１品。
コクが欲しいときは、バターを追加して溶かしながら食べて。

テッパンの組み合わせ。さらさらいただけます

・・・

材料（1人分）
コーン（水煮または冷凍）　50g
水　1と1/2カップ
和風顆粒だしの素　小さじ1/3
バター　大さじ1
しょうゆ　小さじ1
ご飯（サッと洗う）
　軽く茶碗1杯分（120〜130g）

作り方
1　鍋に水、和風顆粒だしの素を入れて火にかけ、煮立ったらバター、しょうゆで調味する。
2　ご飯を加えて弱火で2〜3分煮たら、コーンを加えてさらに1分ほど煮る。好みでバター（分量外）を落としても。

落とし卵雑炊

1人用の小鍋など、直火にかけられる器で作るのがおすすめ。
好みの具合に煮込んで、アツアツを食べて！

卵さえあれば！　究極のシンプルさ

材料（1人分）
卵　1個
水　1と1/2カップ
和風顆粒だしの素　小さじ1/3
塩　少々
しょうゆ　大さじ1/2
ご飯（サッと洗う）
　軽く茶碗1杯分（120〜130g）
長ねぎ（小口切り）　1/4本

作り方
1　小鍋に水、和風顆粒だしの素を入れて火にかけ、煮立ったら塩、しょうゆで味をととのえる。
2　ご飯、長ねぎを加えて弱火で2〜3分煮たら、真ん中に卵を落とし入れ、ふたをして好みのかたさになるまで火を通す。

明太しそ雑炊

ご飯を煮込んでトッピングするだけ。
だし汁の代わりにめんつゆを使うから、味つけも失敗しません。

お茶漬けみたいに具をのせるだけ

材料（1人分）
明太子（食べやすく切る）
　1/2腹（約40g）
大葉（小さく切る）　2〜3枚
水　1/2カップ
めんつゆ（3倍濃縮）　大さじ1
ご飯（サッと洗う）
　軽く茶碗1杯分（120〜130g）

作り方
1　鍋に水、めんつゆを入れて火にかけ、煮立ったらご飯を入れて弱火で2〜3分煮る。
2　器に盛り、明太子、大葉をのせる。

スパイシーハム雑炊

ポイントは、たっぷりの粗びき黒こしょう。ピリッと引き締まった味で、食欲が刺激されます。ハムの代わりにコンビーフやソーセージでも。

黒こしょうの香りたっぷりの大人味

材料(1人分)
ハム(細切り)　1枚
水　1と1/2カップ
顆粒コンソメ　小さじ1/3
塩　少々
ご飯(サッと洗う)
　軽く茶碗1杯分(120〜130g)
粗びき黒こしょう　小さじ1/3〜1/2

作り方
1　鍋に水、顆粒コンソメを入れて火にかけ、煮立ったら塩で味をととのえる。
2　ご飯を加えて弱火で2〜3分煮たら、ハムを散らす。器に盛り、粗びき黒こしょうをふる。

焼き鳥雑炊

焼き鳥缶は、具にも味つけにも使える便利な素材。
缶汁ごと加えることで、さらに味とコクが出ます。

材料（1人分）
焼き鳥缶　1缶
水　1と1/2カップ
和風顆粒だしの素　小さじ1/3
A［みりん　大さじ1/2
　　しょうゆ　大さじ2/3
ご飯（サッと洗う）
　軽く茶碗1杯分（120〜130g）
しょうが（すりおろす）　適量
万能ねぎ（小口切り）　適量

作り方
1　鍋に水、和風顆粒だしの素を入れて火にかけ、煮立ったら缶汁ごと焼き鳥缶を加える。2分ほど煮てAで調味する。
2　ご飯を加えて弱火でさらに2〜3分煮たら、しょうがを加えて火を止める。
3　器に盛り、万能ねぎを散らす。

缶詰利用のお手軽メニュー！

ちくわと貝割れ菜のゆずこしょう雑炊

ちくわはいいだしが出るうえ、冷凍保存もできるので常備しておくと便利です。
ちくわの代わりにかまぼこでもOK。

材料（1人分）
ちくわ（斜め切り）　1本
貝割れ菜
　（2～3cm長さに切る）　適量
水　1と1/2カップ
和風顆粒だしの素　小さじ1/3
A［ゆずこしょう　小さじ1/4～1/3
　　酒　小さじ1
ご飯（サッと洗う）
　軽く茶碗1杯分（120～130g）

作り方
1　鍋に水、和風顆粒だしの素を入れて火にかけ、煮立ったらAを加える。
2　ちくわ、ご飯を加えて弱火で2～3分煮たら、貝割れ菜を散らす。

うまみたっぷりのちくわを使って

みんな大好き！

シンプル**卵雑炊**は**トッピング**でうんとおいしく！

定番の卵雑炊をさらにおいしく食べるなら、いろいろなトッピングを用意してみて。
ふりかけのように卵雑炊に散らせば、味にも食感にも変化がついて飽きません。
保存がきくものもあるので、何種類か作って味を変えながら食べても楽しい！
基本の卵雑炊も、だしひとつで和風にも中華風にもアレンジできますよ。

和風卵雑炊に

トッピング材料は、いりごま、のり、梅、小魚など、食感があって、
白いご飯に合うものがおすすめ。

基本の和風卵雑炊

材料（1人分）
卵（溶きほぐす）　1個
水　1と1/2カップ
和風顆粒だしの素　小さじ1/3
A ┌ 酒　小さじ1
　└ 塩・しょうゆ　各少々
ご飯（サッと洗う）
　軽く茶碗1杯分（120〜130 g）

作り方
1　鍋に水、和風顆粒だしの素を入れて火にかけ、煮立ったらAで調味する。
2　ご飯を加えて弱火で2〜3分煮る。火を少し強め、菜箸に伝わせながら溶き卵を細く丸く流し入れ、ふんわりしたらすぐに火を止める。

のりのつくだ煮
+
みょうが

カリカリじゃこ

チーズ梅

黒ごましらす

ねぎ
+
おろししょうが

いりごま+しば漬け

おかかじょうゆ

何のせようかな？

和風トッピングの作り方

※材料はすべて1人分です

1. のりのつくだ煮＋みょうが
みょうがの清涼感がポイント

材料と作り方
のりのつくだ煮大さじ1、みじん切りにしたみょうが1/2〜1個分を混ぜる。

2. いりごま＋しば漬け
カリカリプチプチの食感が楽しい

材料と作り方
みじん切りにしたしば漬け20g分、白いりごま大さじ1/2を混ぜる。

3. おかかじょうゆ
ねこまんま風がおいしい！

材料と作り方
かつお節1袋（5g）、しょうゆ大さじ1を混ぜる。

4. カリカリじゃこ
香ばしい香りが溶け込みます

材料と作り方
フライパンにサラダ油大さじ1を弱めの中火で熱し、ちりめんじゃこ30gを混ぜながら炒める。きつね色になるまで炒めたら、塩小さじ1/3を加えてひと混ぜし、キッチンペーパーにあげて油をきる。

※冷蔵で約1週間保存可能

5. 黒ごましらす
風味がよく体にやさしい味わい

材料と作り方
しらす20g、黒すりごま大さじ1、しょうゆ小さじ1/2を混ぜる。

6. チーズ梅
ほどよい酸味とコクが加わります

材料と作り方
粉チーズ大さじ1/2と、種を取ってたたいた梅干し1個分を混ぜる。

7. ねぎ＋おろししょうが
体が温まって風味もアップ

材料と作り方
小口切りにした万能ねぎ2〜3本分、おろししょうが小1かけ分を混ぜる。

シンプル**卵雑炊**は**トッピング**でうんとおいしく！

中華風卵雑炊に

中華風雑炊には、定番のねぎのほか、いりごま、ザーサイなど中華に合う食材や、ラー油、ごま油、豆板醤などの調味料を合わせてみて。

基本の中華風卵雑炊

材料（1人分）
卵（溶きほぐす）　1個
水　1と1/2カップ
鶏ガラスープの素　小さじ1/3
A［ 酒　小さじ1
　　塩・しょうゆ・ごま油　各少々 ］
ご飯（サッと洗う）
　軽く茶碗1杯分（120〜130g）

作り方
1　鍋に水、鶏ガラスープの素を入れて火にかけ、煮立ったらAで調味する。
2　ご飯を加えて弱火で2〜3分煮る。火を少し強め、菜箸に伝わせながら溶き卵を細く丸く流し入れ、ふんわりしたらすぐに火を止める。

いり松の実

しょうがの
ごま油漬け

カリカリ
にんにく

黒酢ねぎ

ピリ辛
万能ねぎ

ねぎラー油

ごまザーサイ

どれもおいしい…

中華風トッピングの作り方

※材料はすべて1人分です

1 黒酢ねぎ
コクのある黒酢でさらにおいしく

材料と作り方
薄い小口切りにした長ねぎ大さじ2、黒酢大さじ1を混ぜる。

※冷蔵で約4～5日保存可能

2 ピリ辛万能ねぎ
刺激が欲しいときにおすすめ！

材料と作り方
小口切りにした万能ねぎ2～3本分、豆板醤小さじ1/3、ごま油小さじ1/2を混ぜる。

3 カリカリにんにく
食欲がそそられる香ばしさ！

材料と作り方
フライパンにごま油大さじ1/2を熱し、粗みじん切りにしたにんにく2片分を弱火できつね色になるまで炒める。粗熱が取れたら、塩少々を混ぜる。

4 しょうがのごま油漬け
香りづけにぴったりの組み合わせ

材料と作り方
ごま油大さじ1に、せん切りにしたしょうが小1かけ分を漬ける。

※冷蔵で4～5日保存可能

5 いり松の実
香ばしさとコクが増します

材料と作り方
フライパンに松の実20～30gを入れ、やや薄い焦げ目がつくまで弱火でいる。

※冷蔵で約1週間保存可能

6 ごまザーサイ
中華といえばやっぱりザーサイ！

材料と作り方
みじん切りにした味つきザーサイ30g分、白すりごま大さじ1を混ぜる。

7 ねぎラー油
唐辛子の風味で味に変化をつけて

材料と作り方
薄い小口切りにした長ねぎ1/3本分、ラー油小さじ1を混ぜる。

column 2

手でちぎる、缶汁をだし代わりに…。
上手にラクしておいしく作りましょう

雑炊のいいところは、とにかく簡単なこと！
材料が少なく、煮る時間も短いので
5分、10分で作れるのが魅力です。
もちろん、下ごしらえや味つけも手間なし！

だしは市販のインスタントで十分。
うまみのある缶詰の漬け汁を、だし代わりに
加えてもいいし、葉もの野菜は手でちぎってもOK！
冷凍や水煮の食材を使えば、皮むきや下ゆでもいりません。
ピーラーやスライサーなどの調理器具や
電子レンジなど、便利ツールも活用すれば
おかずを作るよりずっと気軽に挑戦できますよ。

column 3

雑炊の1人分のご飯は120〜130gが基本。 ご飯の量次第でカロリーオフも！

1人分のご飯の量は、一般的にお茶碗1杯分、
約150g前後とされています。
雑炊の場合はスープで煮るので、ご飯の量は
それより少なく120〜130gが目安。
でも、スープをたっぷり吸っているから
満足感はお茶碗1杯分と変わりません。

つまり、いつものご飯を雑炊に置き換えるだけで、
ご飯の量がムリなく減らせる。
これが、雑炊の大きなメリットなのです。
食欲や体調、食べる時間帯などによっては、
ご飯の量をさらに減らしてもよし。
ダイエットにも大いに役立ちますよ！

通常のご飯
1人分150g

雑炊のご飯
1人分120g

カロリー控えめでヘルシー！
さっぱり食べる野菜たっぷり雑炊

野菜雑炊は消化がよくカロリーも控えめなので、
食欲が落ちているときや体重が気になるとき、
軽く食べたいときなどにもぴったり。
不足しているビタミンや食物繊維も気軽にとれます。
見逃せないのは、野菜にたっぷり含まれるうまみ。
やさしく滋味深い味がスープとご飯にしみて、
繰り返し作りたくなるおいしさ！

チーズでちょっぴりコクを加えて

リゾット風トマト雑炊

フレッシュトマトのさわやかな酸味ととろけるチーズが好相性。
好みであさりやたらなど魚介を加えても。

材料（1人分）
トマト（小さめの角切り）　1個
水　1と1/2カップ
顆粒コンソメ　小さじ1/3
塩・こしょう　各少々
ご飯（サッと洗う）
　軽く茶碗1杯分（120～130g）
ピザ用チーズ　約30g

作り方
1　鍋に水、顆粒コンソメを入れて火にかけ、煮立ったら
　　トマトを加えて塩、こしょうで味をととのえる。
2　ご飯を加えて弱火で2～3分煮たら、チーズを加える。
　　ふたをして、チーズが溶けたら火を止める。

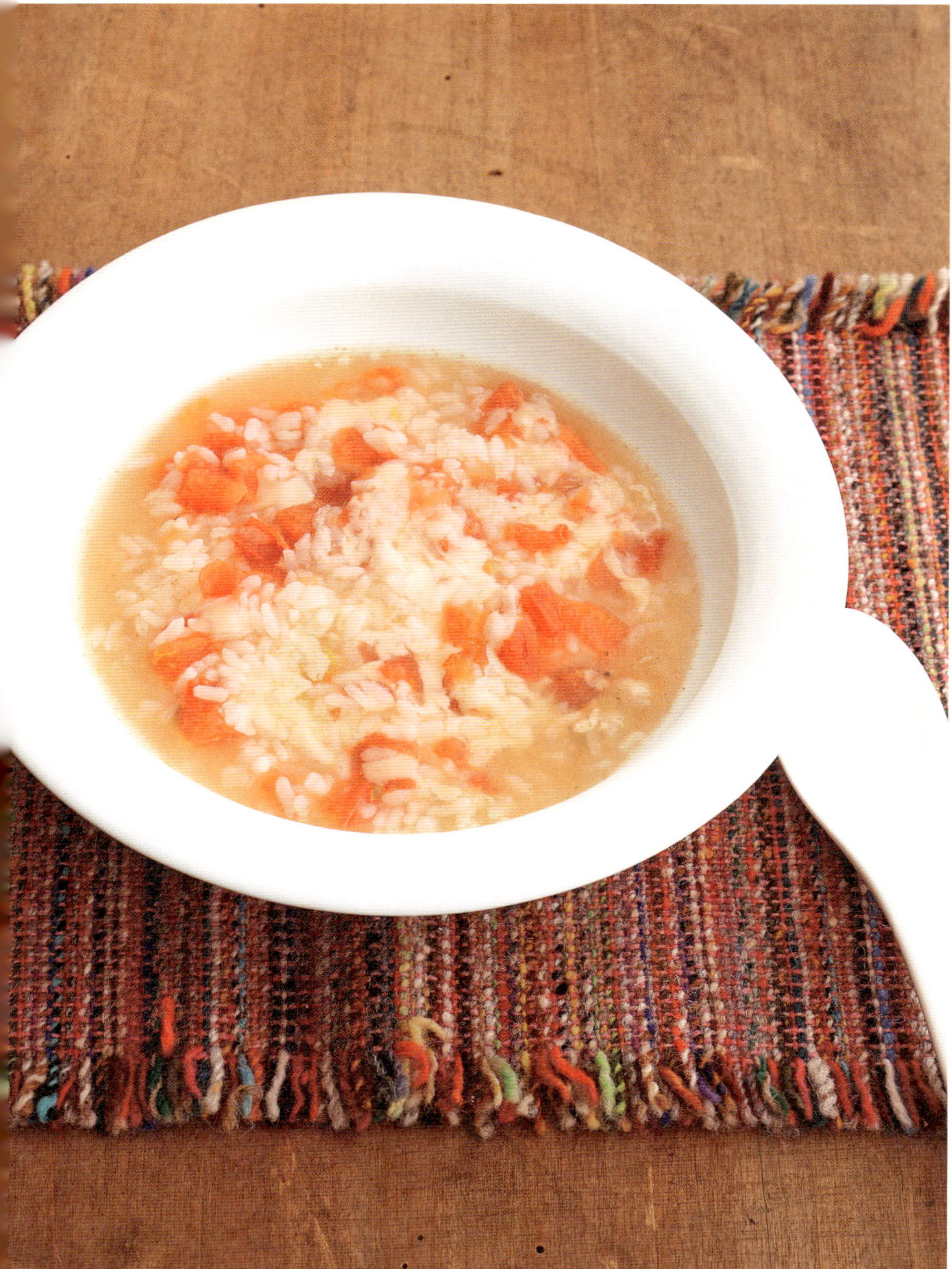

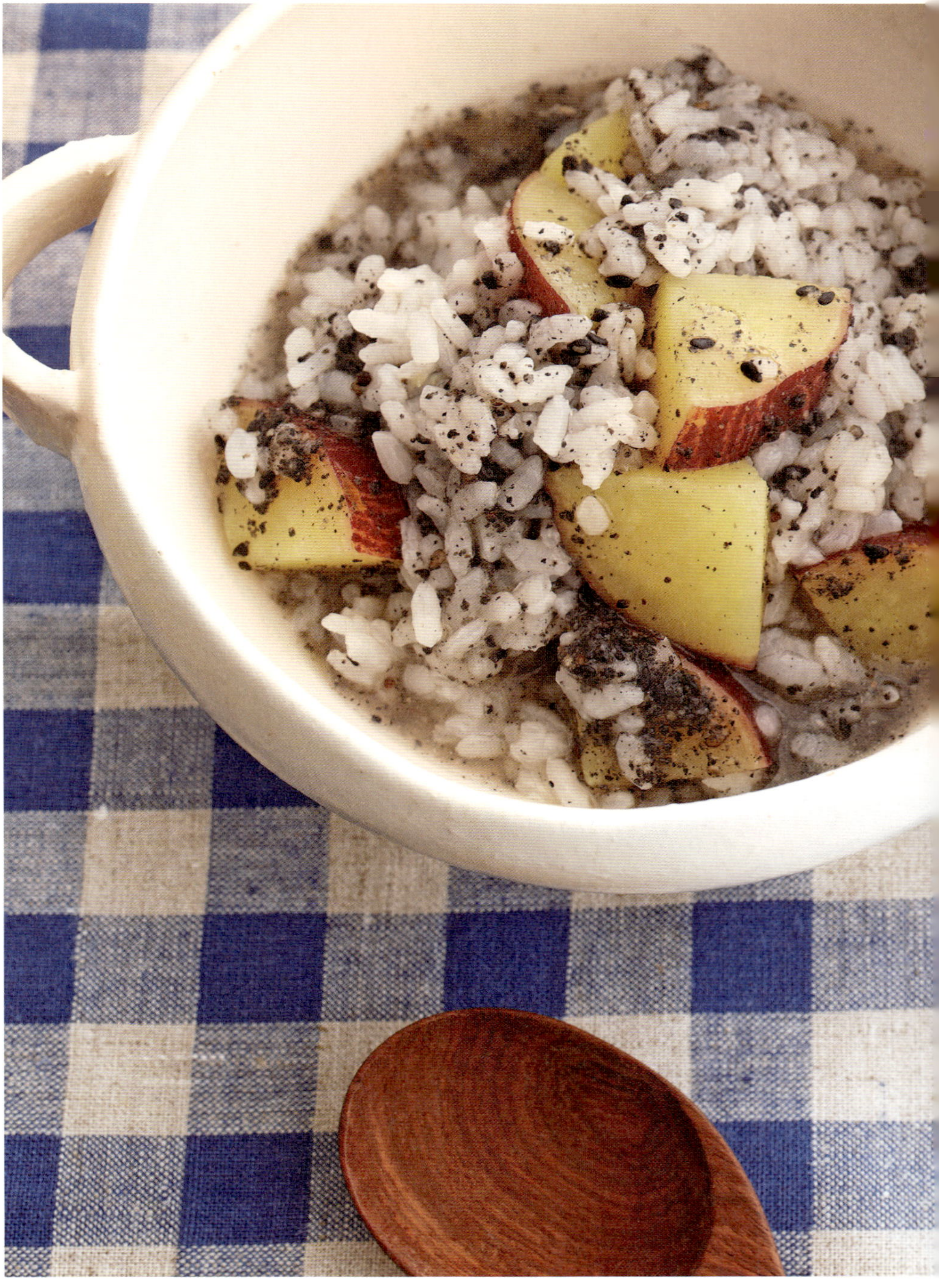

さつまいも雑炊

さつまいもはあらかじめ煮込んでからご飯を加えると、
やわらかく甘みも出ます。たっぷりの黒すりごまで健康的に！

材料（1人分）
さつまいも　100g
A ┌ 水　1と1/2カップ
　├ 和風顆粒だしの素　小さじ1/3
　└ 塩・しょうゆ　各少々
ご飯（サッと洗う）
　軽く茶碗1杯分（120〜130g）
黒すりごま　大さじ1

作り方
1. さつまいもは皮をよく洗って7〜8mm厚さのいちょう切りにする。
2. 鍋にA、さつまいもを入れて火にかける。3分ほど煮たらご飯を加え、弱火でさらに2〜3分煮込む。すりごまを加えて混ぜる。

黒ごまたっぷりでいい香り♪

材料（1人分）
オクラ（塩もみして薄い輪切り）　3本
水　1と1/2カップ
和風顆粒だしの素　小さじ1/3
塩・しょうゆ　各少々
貝割れ菜（2cm長さに切る）　1/3パック
黒米ご飯（サッと洗う）
　軽く茶碗1杯分（120〜130g）

作り方
1　鍋に水、和風顆粒だしの素を入れて火にかけ、煮立ったら塩、しょうゆで味をととのえる。ご飯を加えて弱火で少し煮る。
2　オクラを加えてさらに1〜2分煮たら、貝割れ菜を入れてサッと煮る。

オクラと貝割れ菜の黒米雑炊

ときには目先を変えて、黒米ご飯で楽しむのもいいもの。
オクラを入れるととろみがつき、食べやすくなります。

黒米のプチプチした食感が楽しい

里いも雑炊

ホクホク、ねっとりがおいしい里いもを、みそ味仕立ての雑炊に。
冷凍や水煮を使えばさらに手軽です。

意外に食べごたえもあります

材料（1人分）
里いも　2個
塩　少々
水　1と1/2カップ
和風顆粒だしの素　小さじ1/3
みそ　大さじ1
ご飯（サッと洗う）
　軽く茶碗1杯分（120～130g）
絹さや（斜め細切り）　1～2枚

作り方

1　里いもは皮をむいて塩をふり、もみ洗いする。2回繰り返して食べやすい大きさに切る。

2　鍋に水、和風顆粒だし、里いもを入れて火にかける。4～5分煮てアクを取り、やわらかくなったら、みそを溶き入れる。

3　ご飯を加えて弱火でさらに2～3分煮たら、絹さやを加えて少し煮る。

みどり雑炊

ビタミン豊富な葉野菜は、刻んで雑炊に入れるとかさが減り、とりやすくなります。ほうれん草のほか、小松菜、春菊などでも。

見た目もきれい。ヘルシーです

材料（1人分）
ほうれん草（洗って細かく刻む）
　1/3束（80g）
水　1と1/2カップ
鶏ガラスープの素　小さじ1/3
塩・こしょう　各少々
ご飯（サッと洗う）
　軽く茶碗1杯分（120〜130g）
ごま油　少々

作り方
1 鍋に水、鶏ガラスープの素を入れて火にかけ、煮立ったら塩、こしょうで味をととのえる。ご飯を加え、弱火で1分ほど煮る。
2 ほうれん草を加え、ときどき混ぜながら2分ほど煮る。仕上げにごま油をたらす。

材料（1人分）
かぼちゃ（皮ごと2cm角に切る）　100g
水　1と1/2カップ
和風顆粒だしの素　小さじ1/3
塩　小さじ1/3
しょうゆ　少々
ご飯（サッと洗う）
　軽く茶碗1杯分（120〜130g）

作り方
1　鍋に水、和風顆粒だしの素を入れ、かぼちゃを入れて火にかける。3〜4分ほどやわらかくなるまで煮たら、塩、しょうゆで味をととのえる。
2　ご飯を加え、弱火でさらに2〜3分煮る。

かぼちゃ雑炊

かぼちゃは煮ものが定番ですが、雑炊の具にもおすすめ。
火が早く通るように小さく切るのがコツ。

ほんのり甘くてやさしい味

材料（1人分）
エリンギ（小さめに食べやすく切る）　1本
しめじ（石づきを取り、長いものは半分に切る）　1/2パック
水　2/3カップ
和風顆粒だしの素　小さじ1/3
塩・しょうゆ　各少々
ご飯（サッと洗う）　軽く茶碗1杯分（120～130g）
鮭フレーク　大さじ1～2
豆乳（無調整）　1/2カップ

作り方
1　鍋に水、和風顆粒だしの素を入れて火にかけ、煮立ったらきのこ類を加える。1～2分煮たら塩、しょうゆで味をととのえる。
2　ご飯、鮭フレークを加えて少し煮たら、豆乳を加えて弱火で1～2分煮る。

鮭フレークで
お手軽にうまみアップ

きのこの豆乳雑炊

あっさりしたきのこを、豆乳で煮込んでコクをアップ。
鮭フレークの代わりに、明太子やたらこをトッピングしても。

胃にやさしくしみわたる

水菜とかにかまの卵とじ雑炊

水菜をやわらかく煮て、卵でとじたやさしい味。
かにかまからだしが出るので、めんつゆだけで味が決まります。

材料（1人分）
水菜（2〜3cm幅に切る）　1株
かに棒かまぼこ（ほぐす）　3〜4本
水　1と1/2カップ
めんつゆ（3倍濃縮）　大さじ1と1/2
ご飯（サッと洗う）
　軽く茶碗1杯分（120〜130g）
卵（溶きほぐす）　1個

作り方

1　鍋に水、めんつゆを入れて火にかけ、煮立ったら水菜を入れて少し煮る。

2　かに棒かまぼこ、ご飯を加えて弱火で2分ほど煮たら、溶き卵を静かに流し入れ、ふたをして好みの加減に火を通す。

とろろ雑炊

アツアツご飯にかけてもおいしいとろろを、麦飯雑炊にかけて。
食欲がないときも、するっと食べられます。

材料（1人分）
山いも　100g
水　1と1/2カップ
めんつゆ（3倍濃縮）　大さじ1と1/2
麦飯（サッと洗う）
　軽く茶碗1杯分（120～130g）
青のり　適量

作り方
1　山いもはすりおろし、めんつゆ小さじ1（分量外）
　でのばしておく。
2　鍋に水、めんつゆを入れて火にかけ、煮立ったら
　麦飯を入れて弱火で2～3分煮る。
3　器に盛り、上から1をかけて青のりをふる。

消化を助ける働きもあり！

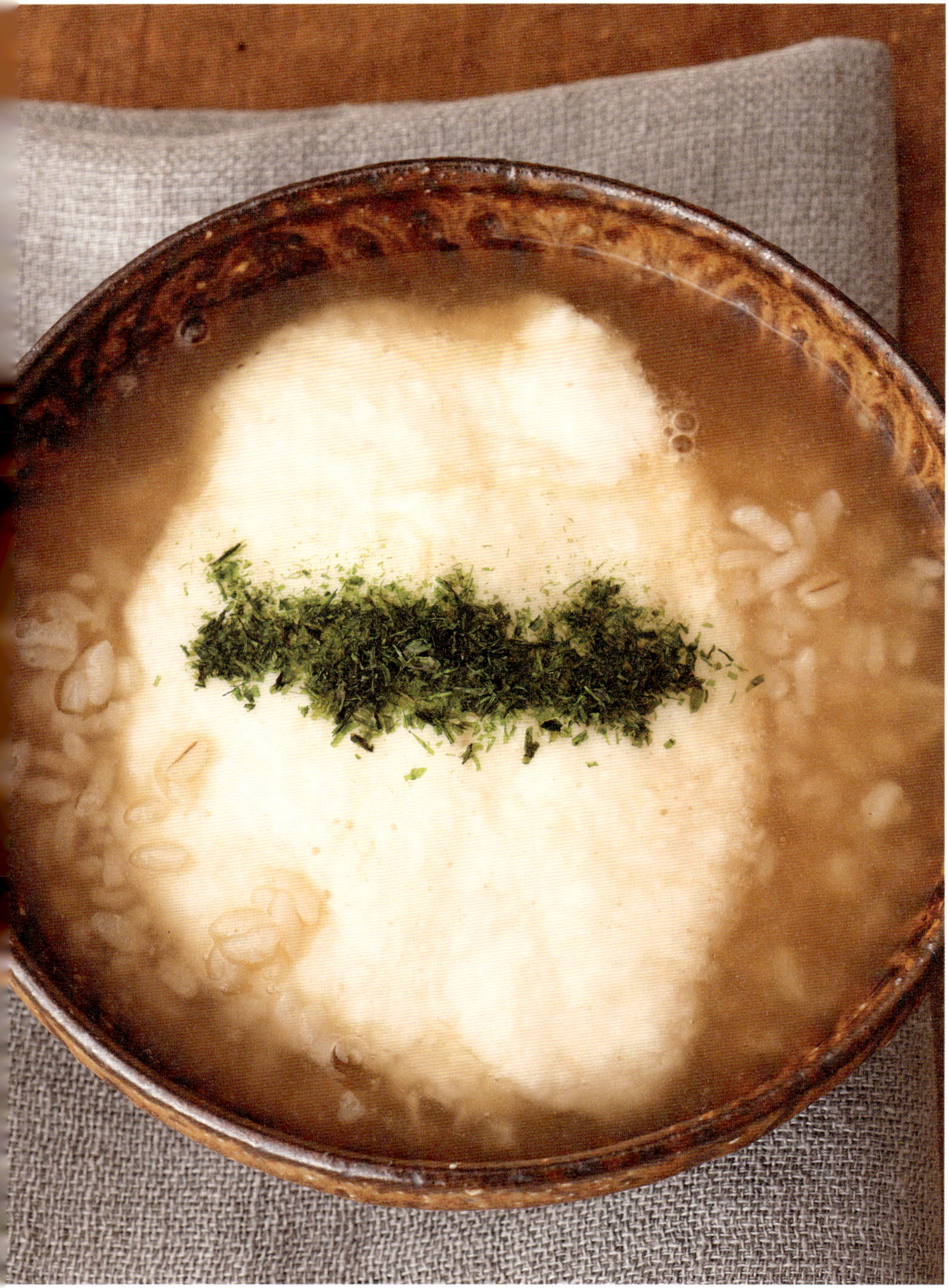

材料（1人分）

- キャベツ（小さく切る） 大1枚
- ソーセージ（斜め切り） 2本
- 水 2/3カップ
- 顆粒コンソメ 小さじ1/3
- 塩・こしょう 各少々
- 玉ねぎ（小さめの角切り） 1/4個
- ご飯（サッと洗う）
  軽く茶碗1杯分（120〜130g）
- 牛乳 1/2カップ
- 粗びき黒こしょう 適量

作り方

1. 鍋に水、顆粒コンソメを入れて火にかけ、煮立ったら塩、こしょうで味をととのえる。ソーセージを加えて1分ほど煮る。
2. キャベツ、玉ねぎを加えて2〜3分煮たら、ご飯を加えて弱火で少し煮る。
3. 牛乳を加え、弱火で2分ほど煮る。器に盛り、粗びき黒こしょうをふる。

キャベツとソーセージのミルク雑炊

野菜とミルクの甘みがじんわり。
ソーセージが入ってボリュームもあるので、朝食にもぴったりです。

子どもから大人まで大好きな味！

材料（1人分）

- れんこん（薄い半月切り） 40g
- 大根（薄い半月切り） 2cm分（40g）
- にんじん（薄い半月切り） 2cm分（20g）
- A
  - 水 1と1/2カップ
  - 和風顆粒だしの素 小さじ1/3
  - しょうゆ 大さじ1/2
  - 塩 少々
- ご飯（サッと洗う）
  - 軽く茶碗1杯分（120〜130g）
- かつお節 適量

作り方

1. れんこんは酢水に3分ほどさらす。
2. 鍋にA、大根、れんこん、にんじんを入れて火にかけ、煮立ったらアクを取りながら3〜4分煮る。
3. ご飯を加え、弱火でさらに2〜3分煮る。器に盛り、かつお節をのせる。

食物繊維たっぷり。腹もちもバツグン

根菜雑炊

火が通りにくい根菜は、先に煮込んでからご飯を加えると、食べたときにいい食感に。よく煮込んでおじや風にするとおいしい。

イタリアンの味わいが新鮮です！

キャベツとパプリカのアンチョビ雑炊

アンチョビは、炒めてからご飯に加えてくさみを取ります。
仕上げにオリーブ油と粉チーズを加えれば、いちだんと風味よく。

材料（1人分）
キャベツ（小さめのざく切り）　大1枚
黄パプリカ（小さめの細切り）　1/2個
アンチョビ（たたくように小さく切る）　1枚
水　1と1/2カップ
顆粒コンソメ　小さじ1/3
塩・こしょう　各少々
ご飯（サッと洗う）
　軽く茶碗1杯分（120〜130g）
オリーブ油・粉チーズ　各適量

作り方

1　鍋にオリーブ油小さじ1を熱し、アンチョビを炒める。少ししたら水、顆粒コンソメを加え、煮立ったら塩、こしょうで味をととのえる。キャベツ、パプリカを加えて2分ほど煮る。

2　ご飯を加え、弱火でさらに2分ほど煮る。仕上げにオリーブ油をたらし、粉チーズをふる。

材料（1人分）

クレソン（2〜3cm幅に切る） 1/2束
ツナ缶 小1缶（80g）
水 1と1/2カップ
酒 大さじ1/2
塩・こしょう 各少々
ご飯（サッと洗う）
　軽く茶碗1杯分（120〜130g）

作り方

1. 鍋に水、酒を入れて火にかけ、煮立ったら塩、こしょうで味をととのえる。汁けをきったツナを加える。
2. 再び煮立ったら、ご飯を加えて弱火で2〜3分煮る。クレソンを加え、さらに1分ほど煮る。

香味野菜を味わう大人味

クレソンとツナのさっぱり雑炊

香りがある野菜は独特のクセがありますが、
ツナと組み合わせれば雑炊にマッチ。
クレソンがなければ春菊、根三つ葉などでも。

野菜のにんにくマヨソースあえ雑炊

レンジでチンした野菜をマヨソースであえ、雑炊にのせるだけ。
おろしにんにくでぐっとパンチがきいて、新鮮な味わい！

マヨ好きにはたまらないおいしさ☆

材料（1人分）
キャベツ（小さめにちぎる）　大1枚
しめじ（石づきを取りほぐす）　1/2パック
にんじん（細いせん切り）　3㎝分（30ｇ）
A［マヨネーズ　大さじ1と1/2
　　にんにく（すりおろす）　少々
水　1と1/2カップ
顆粒コンソメ　小さじ1/3
塩・こしょう　各少々
ご飯（サッと洗う）
　　軽く茶碗1杯分（120〜130ｇ）

作り方
1. 耐熱容器にキャベツ、しめじ、にんじんを入れ、ふんわりラップをかけて電子レンジで1分加熱する。粗熱を取り、混ぜ合わせたAとあえる。
2. 鍋に水、顆粒コンソメを入れて火にかけ、煮立ったら塩、こしょうで味をととのえる。ご飯を加えて弱火で2〜3分煮る。
3. 器に盛り、1をのせる。

モロヘイヤとベーコンの雑炊

栄養価が高く、夏バテ予防にもぴったりのモロヘイヤ。
とろみがあって食べやすいので、食欲が落ちたときにもおすすめ。

材料（1人分）
モロヘイヤ（細かくたたく）　葉20枚
ベーコン（1cm幅に切る）　2枚
A ┌ 水　1と1/2カップ
　├ 顆粒コンソメ　小さじ1/3
　└ 塩・こしょう　各少々
ご飯（サッと洗う）
　軽く茶碗1杯分（120〜130g）
サラダ油　小さじ1

作り方
1　鍋にサラダ油を熱し、ベーコンを炒める。少しカリッとしてきたら、モロヘイヤを加えてサッと炒め合わせる。
2　Aを加えて煮立て、アクを取る。ご飯を加えて弱火で2〜3分煮る。

スープ感覚でするする食べられます

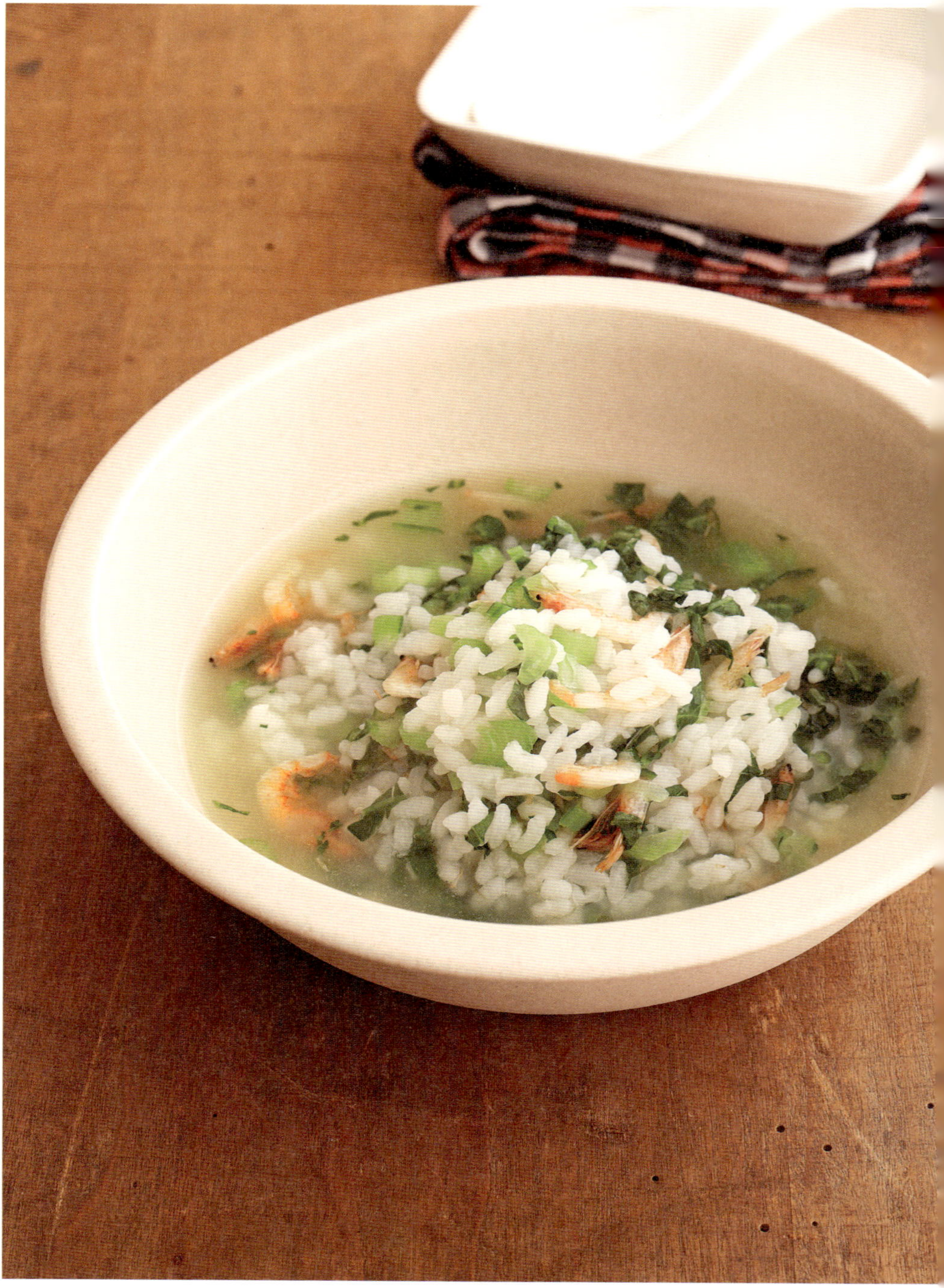

小松菜と桜えびの雑炊

桜えびのだしが溶け出たスープで煮込んでいるから、
野菜もご飯もおいしい！ 奥深い味が堪能できます。

材料（1人分）
小松菜（細かく刻む）　約1/3束（80g）
乾燥桜えび　5g
水　1と1/2カップ
酒　大さじ1
塩　少々
ご飯（サッと洗う）
　　軽く茶碗1杯分（120〜130g）

作り方
1. 鍋に水を入れて火にかけ、煮立ったら桜えび、酒を入れて弱めの中火で2〜3分煮る。
2. 小松菜を加えて塩で味をととのえ、ご飯を加えて弱火でさらに2分ほど煮る。

桜えびの香りがふんわり。
食欲をそそられます

白菜の甘みが溶け出たスープがおいしい

くたくた白菜と帆立の雑炊

白菜は、鍋あとの雑炊のようにくたくたに煮るほどおいしいもの。
缶汁ごと加えた帆立のだしも絶品です。

材料（1人分）
白菜（小さめのざく切り）　大1枚
帆立缶　小1缶
水　1と1/2カップ
鶏ガラスープの素　小さじ1/3
塩・こしょう　各少々
ご飯（サッと洗う）
　軽く茶碗1杯分（120〜130g）
しょうが（すりおろす）　適量

作り方

1 鍋に水、鶏ガラスープの素を入れて火にかけ、煮立ったら缶汁ごと帆立缶を加える。塩、こしょうで味をととのえ、白菜も加えて3〜4分煮る。

2 ご飯を加えて弱火でさらに2分ほど煮たら、器に盛り、しょうがを添える。

野菜たっぷりで食べごたえあり！

大豆とこまごま野菜雑炊

残り野菜を一掃したいときは迷わず雑炊に。
野菜は何を入れてもOK。味つけも市販のごまだれ1本で決まります！

材料（1人分）
好みの野菜（なす、れんこん、玉ねぎ、
　にんじん、キャベツなど5〜6種類・
　細かく切る）　計100g
水煮大豆　80g
水　1と1/2カップ
ご飯（サッと洗う）
　軽く茶碗1杯分（120〜130g）
市販のごまだれ（しゃぶしゃぶ用など）
　大さじ2と1/2

作り方
1　鍋に水を入れて火にかけ、煮立ったら大豆、野菜を入れて3〜4分煮る。
2　ごまだれ、ご飯を加え、弱火でさらに2〜3分煮る。

チャンプルーでは定番の組み合わせを雑炊で！

ゴーヤとスパムの雑炊

ゴーヤとスパムの沖縄食材を組み合わせたスタミナアップ雑炊。
ゴーヤは塩もみしておくと、炒めなくても青くささが取れます。

材料（1人分）
ゴーヤ　約1/4本（50g）
スパム缶（棒状に切る）　50g
塩　少々
水　1と1/2カップ
和風顆粒だしの素　小さじ1/3
A ┌ 酒　大さじ1/2
　└ 塩・しょうゆ　各少々
ご飯（サッと洗う）
　軽く茶碗1杯分（120～130g）

作り方
1　ゴーヤは種とわたを取り、ごく薄切りにする。塩をふって2～3分おき、軽く水洗いする。
2　鍋に水、和風顆粒だしを入れて火にかけ、煮立ったらスパム、ゴーヤを入れて2分ほど煮る。Aで味をととのえ、ご飯を加えて弱火でさらに2～3分煮る。

材料（1人分）
牛切り落とし肉（小さく切る）　100g
ごぼう　5cm（約50g）
水　1/4カップ
A ┃ 酒・砂糖　各大さじ1/2
　 ┃ みりん　大さじ1/2
　 ┃ しょうゆ　大さじ1と1/2
B ┃ 水　1と1/2カップ
　 ┃ 和風顆粒だしの素　小さじ1/3
塩・しょうゆ　各少々
ご飯（サッと洗う）
　軽く茶碗1杯分（120～130g）
サラダ油　小さじ1

作り方
1. ごぼうは縦半分にして斜め薄切りにし、水に2～3分さらす。
2. 小さめのフライパンにサラダ油を熱し、ごぼうを炒める。少ししたら牛肉を加えて炒め、肉の色が変わったら水を加えて煮立てる。アクを取ってAで調味し、汁けがなくなるまで煮つめる。
3. 鍋にBを煮立て、塩、しょうゆで薄めに味をととのえる。ご飯を入れて弱火で2～3分煮る。器に盛り、2をのせる。あれば実山椒のつくだ煮少々（分量外）を添える。

繊維質の多いごぼうがたくさん！

牛肉とごぼうのつくだ煮雑炊

甘辛いつくだ煮を混ぜながら食べると、雑炊なのに、ご飯がどんどんすすむ!?
つくだ煮は冷蔵庫で4～5日もつので、多めに作って保存しても。

テッパンの組み合わせ。
間違いない味です

もやしのみそバター雑炊

鶏ガラスープと和風だしの2種類を組み合わせると、
コクが出てラーメン風！ もやしはサッと火を通して食感を残して。

材料（1人分）
もやし（ひげ根を取る） 1/3袋（70g）
A ┌ 水 1と1/2カップ
　├ 鶏ガラスープの素 小さじ1/3
　└ 和風顆粒だしの素 小さじ1/3
みそ 大さじ1
ご飯（サッと洗う）
　軽く茶碗1杯分（120〜130g）
チャーシュー（食べやすい大きさに切る）
　3枚（約40g）
バター 大さじ1

作り方
1 鍋にAを入れて火にかけ、煮立ったらもやしを入れて2分ほど煮る。
2 みそを溶き入れ、ご飯、チャーシューを加えて弱火でさらに2分ほど煮る。
3 器に盛り、バターをのせる。

たんぱく質もちゃんととれます

ねぎと豆腐のあんかけ雑炊

香味野菜好きにはたまらない、たっぷりねぎ入り雑炊。
胃にやさしいので、食べすぎや体が弱ったときなどにもおすすめ。

材料（1人分）
万能ねぎ（小口切り）　多めに適量
絹ごし豆腐　1/3丁（約100g）
水　1と1/2カップ
和風顆粒だしの素　小さじ1/3
A ┌ しょうゆ　大さじ1/2
　└ 塩・ごま油　各少々
ご飯（サッと洗う）
　軽く茶碗1杯分（120〜130g）
片栗粉（同量の水で溶く）　小さじ1

作り方
1. 豆腐はキッチンペーパーに5分ほど包んで水きりし、食べやすく切る。
2. 鍋に水、和風顆粒だしの素を入れて火にかけ、煮立ったらAを加える。
3. 豆腐、ご飯を加えて弱火で2〜3分煮る。水溶き片栗粉でとろみをつけ、少し煮て火を止める。器に盛り、万能ねぎをふる。

煮込む手間なし。さらさら食べられる
スープがけごはん＆お茶漬け

ぐつぐつ煮込んだ雑炊だけでなく、
ときには目先を変えて、汁がけ雑炊はいかがでしょう。
夏の暑いときや胃腸が疲れているとき、
朝の急いでいるときなどもサッと食べられますよ。
お酒のあとや夜食なら、元祖お茶漬けもやっぱりおすすめ。
好みの味で楽しんで。

> スープがけ

和風、洋風いろいろ

いり卵雑炊

いり卵なら、卵焼きや目玉焼きより簡単！
すぐに作れて、スープごとご飯が食べられるから、時間がない朝にもおすすめです。

材料（1人分）
卵　1個
塩　少々
水　1カップ
和風顆粒だしの素　小さじ1/3
A ┃ しょうゆ　大さじ1/2
　 ┃ 塩　小さじ1/3
　 ┃ ごま油　少々
温かいご飯
　軽く茶碗1杯分（120〜130g）
万能ねぎ（小口切り）　2本

作り方
1. ボウルに卵を溶きほぐし、塩を混ぜる。
2. 小鍋を熱して1を流し入れ、3本の菜箸で手早く混ぜていり卵にする。
3. 鍋に水、和風顆粒だしの素を入れて火にかけ、煮立ったらAを加えて調味する。
4. 器にご飯を盛り、2をのせて万能ねぎをまわりに散らす。3のスープをかける。

ごま油のいい香り☆

コンビーフとキャベツの
カレースープ雑炊

カレーの風味で食欲増進！
コンビーフからもいいだしが出るのでうまみもたっぷり。

材料（1人分）
コンビーフ缶（軽くほぐす）
　1/2缶（約50g）
キャベツ（小さめのざく切り）　大1枚
A ┌ 水　1と1/2カップ
　├ 顆粒コンソメ　小さじ1/3
　├ 塩　少々
　└ カレー粉　小さじ1/2
温かいご飯
　軽く茶碗1杯分（120〜130g）
サラダ油　小さじ1

作り方
1　鍋にサラダ油を熱し、コンビーフを炒める。続いてキャベツも加えて炒め合わせ、Aを加えてひと煮立ちさせる。
2　器にご飯を盛り、**1**をかける。

大好きなカレー味で

> スープがけ

ささみのゆずこしょう雑炊

ささみはレンジでチンしてご飯にのせるだけ。
作りおきして冷凍しておけば、忙しいときもすぐに準備できて便利。

材料（1人分）
鶏ささみ　2本
酒　少々
水　1カップ
めんつゆ（3倍濃縮）　大さじ1と1/3
ゆずこしょう　小さじ1/4
温かいご飯
　軽く茶碗1杯分（120〜130g）
スプラウト（または貝割れ菜）　適量

作り方
1　ささみは耐熱皿にのせて酒をふり、ふんわりラップをして電子レンジで2分加熱する。そのままさまし、食べやすい大きさに裂く。
2　鍋に水、めんつゆを入れて火にかけ、煮立ったらゆずこしょうを溶き入れる。
3　器にご飯を盛り、ささみをのせてまわりにスプラウトを散らす。2のスープをかける。

ゆずこしょうがピリリ

トマトとしらすのスープ雑炊

相性のいいトマトとしらすを、粗びき黒こしょうで引き締めます。
仕上げのオリーブ油は風味のいいものを使って。

材料（1人分）
トマト（小さめの角切り）　1個
しらす　大さじ2
水　1カップ
和風顆粒だしの素　小さじ1/3
しょうゆ　大さじ1/2
塩　少々
温かいご飯
　軽く茶碗1杯分（120～130g）
大葉　1～2枚
粗びき黒こしょう・オリーブ油　各適量

作り方
1　鍋に水、顆粒和風だしの素を入れて火にかけ、煮立ったらしょうゆ、塩で味をととのえる。
2　器にご飯を盛り、トマト、しらすをのせて1をかける。粗びき黒こしょうをふり、オリーブ油を回しかける。ちぎった大葉を散らす。

オリーブ油をたらり

スープがけ

油揚げときゅうりの昆布茶雑炊

昆布茶が、焼き油揚げの香ばしさを引き立てます。
油揚げの代わりに炒ったじゃこにしても。

材料（1人分）
油揚げ　1/2枚
きゅうり（薄い小口切り）　1/2本
塩　少々
水　1カップ
昆布茶　小さじ1
温かいご飯
　軽く茶碗1杯分（120〜130g）

作り方
1. 油揚げは、魚焼きグリルかトースターで軽く焦げ目がつくまで焼き、小さい角切りにする。きゅうりは塩でもんで軽く水けを絞る。
2. 鍋に水を入れて火にかけ、煮立ったら昆布茶を溶かす。
3. 器にご飯を盛り、1をのせて2の昆布茶スープをかける。

風味豊かな昆布茶で

豚ポン雑炊

ゆでた豚肉をご飯にのせ、ポン酢しょうゆスープでさっぱりといただきます。
暑いときは冷やしてもおいしい！

材料（1人分）
豚薄切り肉（しゃぶしゃぶ用） 100g
水 1カップ
長ねぎ（縦半分に切り斜め薄切り）
　1/3本
A ┌ ポン酢しょうゆ 大さじ1
　└ 砂糖 ひとつまみ
温かいご飯
　軽く茶碗1杯分（120〜130g）

作り方
1. 鍋に水を入れて火にかけ、煮立ったら豚肉を入れる。色が変わったら取り出す。
2. 長ねぎを入れて少し煮込み、Aで味をととのえる。
3. 器にご飯を盛り、豚肉をのせて2のスープをかける。

ポン酢しょうゆでさっぱり

お茶漬け

具さえのせればあっという間

せんべい茶漬け

おやつのおせんべいが余ったら、お茶漬けのトッピングにいかが？
焦がししょうゆの香ばしい風味と歯ごたえが加わりますよ。

材料（1人分）
せんべい（しょうゆ味のかためのもの）　1枚
温かいご飯
　軽く茶碗1杯分（120〜130g）
塩　少々
緑茶　1カップ

作り方
器にご飯を盛り、せんべいを砕いてのせる。
塩をふり、熱い緑茶をかける。

おせんべいが1枚あれば！

ザーサイ中華茶漬け

和風に飽きたら、中華風味もおすすめ。
ウーロン茶やプーアール茶、鉄観音茶など、濃い味の中国茶がよく合います。

材料（1人分）
味つきザーサイ（粗みじん切り）　30g
しょうが（粗みじん切り）　小1かけ
ごま油　小さじ1
温かいご飯
　軽く茶碗1杯分（120～130g）
白いりごま　適量
万能ねぎ（小口切り）　適量
ウーロン茶　1カップ

作り方
1　ザーサイ、しょうがはごま油であえる。
2　器にご飯を盛り、1をのせていりごま、万能ねぎをふる。熱いウーロン茶をかける。

細かく刻んでさらさらっと

お茶漬け

彩り漬けもの茶漬け

歯ごたえのある3種類の漬けものを、彩りよくトッピング。
緑茶やほうじ茶など、好みのお茶でどうぞ。

材料（1人分）
たくあん（みじん切り）　10〜15g
しば漬け（みじん切り）　10〜15g
野沢菜漬け（みじん切り）　10〜15g
温かいご飯
　軽く茶碗1杯分（120〜130g）
白いりごま　少々
好みのお茶　1カップ

作り方
器にご飯を盛り、漬けものをのせる。いりごまをふり、熱いお茶をかける。

組み合わせはお好みで

焼きなすとみょうがの
ほうじ茶漬け

とろける焼きなすに、シャキッとしたみょうがの食感が楽しい野菜のお茶漬け。
食べるときに、なすに少ししょうゆをたらして。

材料（1人分）
なす　1本
みょうが（薄い小口切り）　1個
温かいご飯
　軽く茶碗1杯分（120〜130g）
しょうゆ　小さじ1/2
ほうじ茶　1カップ

作り方
1　なすは魚焼きグリルで焦げ目がつくまで焼き、熱いうちに皮をむいて食べやすい大きさに切る。
2　器にご飯を盛り、なす、みょうがをのせてしょうゆ、熱いほうじ茶をかける。

冷たいお茶でも

お茶漬け

おにぎり茶漬け

冷凍の焼きおにぎりをお茶に浸して、崩しながらいただきます。
味つけいらずで、手間なく作れるのがうれしい！

材料（1人分）
市販の冷凍焼きおにぎり
　（大きめのもの）　1個
焼きのり　適量
緑茶　1カップ

作り方
1　焼きおにぎりは袋の表示どおりに電子レンジで温める。
2　器に入れ、焼きのりをちぎって熱い緑茶をかける。

のりをたっぷりのせて

ピリ辛なめたけ茶漬け

さっぱりした中に、ピリッと刺激のあるお茶漬け。好みでせん切りの
しょうがを加えても。お茶はほうじ茶や緑茶など好みのものでOK。

材料（1人分）
なめたけ　大さじ2
一味唐辛子　小さじ1/4～1/3
温かいご飯
　軽く茶碗1杯分（120～130g）
好みのお茶　1カップ

作り方
1　なめたけに一味唐辛子を混ぜる。
2　器にご飯を盛り、1をのせて熱いお茶を
　　かける。

一味の風味で大人味

column 4

体調や時間、お腹のすき具合によって選ぶ シーン別のおすすめ雑炊

雑炊は、普通のご飯よりちょっと軽めでヘルシー。
体調を崩しがちなときや、カロリーを抑えたいときなどの
"控えめごはん"から、朝食や帰宅後の"デイリーごはん"まで、
さまざまな場面で使えます。
ここで紹介するシーン別おすすめ雑炊を参考に、毎日のごはんに役立てて。

■ 朝ごはん向き

体が温まる雑炊はどれも朝食向きですが、中でも鮭やソーセージ入りの雑炊は、朝ごはんにうってつけ。炭水化物、たんぱく質、ビタミンがバランスよくとれる理想的な食事です。

鮭じゃが雑炊

キャベツとソーセージのミルク雑炊

■ 食欲のないとき

消化がよく、食欲不振でも食べやすいのが雑炊のメリット。完全栄養食品と言われる卵を使った雑炊や、疲れがとれる梅味の雑炊などで体調をととのえましょう。

落とし卵雑炊

梅じそ雑炊

■ 風邪のとき

体の内側から温まる雑炊は、風邪や病中病後の食事にぴったり。カプサイシン効果でポカポカになるキムチ入り、しょうがたっぷりで、滋養強壮に役立つサムゲタン風雑炊は特におすすめ。

にらキムチ雑炊

簡単サムゲタン風雑炊

■ ダイエット向き

雑炊はご飯の量が少なく、どれもダイエット向きですが、野菜メインの雑炊はさらにローカロリー。食物繊維や、ダイエット中のビタミン不足も補えます。

根菜雑炊

みどり雑炊

■ お酒のあとのシメ

シメの定番はお茶漬けですが、もう少しお腹にたまるものが欲しいときは雑炊がベスト。刺身のせやしそ風味の和風雑炊なら、さっぱりして、夜遅い時間に食べてももたれません。

明太しそ雑炊

刺身のせ雑炊

■ 大忙しのとき

大急ぎで作りたい！ 買い物に行く時間がない！ そんなピンチのときに役立つのは、材料ひとつで作れるお手軽雑炊。チーズや焼きのりなどの常備食材が、だしと具を兼ねてくれます。

とろ〜リチーズ雑炊

のり雑炊

箸休めに。もうちょっと食べたいときに。
すぐ作れる小さなおかず

雑炊だけじゃ、ちょっともの足りない。
そんなときは、レンチンやあえるだけでサッと作れる
簡単おかずを添えてみましょう。
残り野菜を活用してもいいですね！

さっぱり味わう

トマトのおろしポン酢

材料（1人分）
トマト（ひと口大に切る）　1個
大根おろし　大さじ3
ポン酢しょうゆ　適量

作り方
トマトを器に盛り、大根おろしをのせてポン酢しょうゆをかける。

きゅうりと
みょうがの塩もみ

材料（1〜2人分）
きゅうり（小口切り）　1本
みょうが
　（縦半分に切って斜め薄切り）　1個
塩　小さじ1/3

作り方
ボウルにきゅうり、みょうがを入れて塩をふり、4〜5分おく。しんなりしたら、水けを絞る。

ぴりり、アクセントに

大根の水キムチ風

材料（作りやすい分量）
大根（薄いいちょう切り） 4cm分（80g）
A ┌ 水 1/2カップ
  │ にんにく（みじん切り） 小1片
  │ しょうが（みじん切り） 小1かけ
  │ 長ねぎ（みじん切り） 大さじ1/2
  │ 赤唐辛子（みじん切り） 少々
  └ 塩 少々

作り方
ボウルにAを合わせておく。大根は塩少々（分量外）をふって少しおき、しんなりしたら水けをしっかり絞って10分ほどAにつける。

かぶの辛み漬け

材料（1人分）
かぶ 大1個
A ┌ 酢・みりん 各大さじ1/2
  │ しょうゆ 大さじ1
  └ 豆板醤 小さじ1/3

作り方
1 Aのみりんは耐熱容器に入れて電子レンジで10秒加熱し、他の調味料と合わせておく。
2 かぶは皮をむいて4等分にし、3〜4mm厚さの薄切りにする。葉は少し刻む。ボウルに入れて軽く塩もみする。
3 かぶの水けを絞り、1に入れて混ぜる。

たたききゅうりのピリ辛甘みそ

材料（1人分）
きゅうり　1本
A ┌ みそ　大さじ1/2
　├ みりん　大さじ1
　├ 砂糖・酒　各大さじ1/2
　└ 豆板醤　小さじ1/4〜1/3

作り方
1. きゅうりは両端を切り落としてポリ袋に入れ、上からめん棒などでたたいて食べやすい大きさにする。
2. Aのみりんは耐熱容器に入れて電子レンジで20秒加熱する。ボウルに移して他の調味料と合わせ、1のきゅうりを入れて混ぜ合わせる。

小松菜のシンプル塩炒め

材料（1〜2人分）
小松菜　1/2束（100g）
にんにく（粗みじん切り）　小1片
塩　小さじ1/3
こしょう　少々
ごま油　大さじ1/2

作り方
1. 小松菜は根元の部分をよく洗い、水けをよくきって4cm長さに切る。
2. フライパンにごま油を熱し、にんにくを入れて焦がさないように炒める。小松菜の根元の部分を加えて強火で炒め、少ししんなりしてきたら葉も加えて手早く炒め合わせる。塩、こしょうで味をととのえる。

洋もの雑炊にどうぞ

たこと水菜の梅マヨ

材料（1人分）
たこ（食べやすい大きさに切る）　100g
水菜（1cm長さのざく切り）　1/3束
A ┌ 梅干し（種を除いて細かくたたく）　中1個
　├ マヨネーズ　大さじ1と1/2
　└ みりん　大さじ1/2

作り方
1　Aのみりんは耐熱容器に入れて電子レンジで10秒加熱し、ボウルに移して他の調味料と混ぜ合わせる。
2　1にたこ、水菜を加えてあえる。

じゃがいものシャキシャキサラダ

材料（1人分）
じゃがいも　1個
A ┌ 粒マスタード　小さじ1/2
　├ 酢　大さじ1/2
　├ 砂糖・塩　各少々
　└ オリーブ油　大さじ1/2

作り方
1　じゃがいもは皮をむいてごく細い棒状に切り、水に2〜3分はなす。水けをきって耐熱容器に入れ、ふんわりラップをして電子レンジで2分加熱する。Aはボウルに合わせておく。
2　1のじゃがいもの粗熱が取れたら、Aであえる。

簡単ポテサラ

材料（1人分）
じゃがいも　1個
ハム（小さめの角切り）　1枚
酢　大さじ2/3
塩・こしょう　各適量
マヨネーズ　大さじ2

作り方
1. じゃがいもは皮をむき、縦半分に切って4〜5mm厚さのいちょう切りにする。耐熱容器に入れてふんわりラップをかけ、電子レンジで3分加熱する。
2. 1のじゃがいもを熱いうちにフォークで粗くつぶし、酢、塩、こしょうをふる。ハム、マヨネーズを加えて混ぜる。

グリーンアスパラのペペロンチーノ

材料（1〜2人分）
グリーンアスパラ　2本
にんにく（みじん切り）　1片
赤唐辛子（小口切り）　1本
塩・粗びき黒こしょう　各少々
オリーブ油　大さじ1

作り方
1. アスパラは根元のかたい部分を取り、斜め薄切りにする。
2. フライパンにオリーブ油とにんにく、赤唐辛子を入れて弱火にかける。香りがたってきたら強火にし、アスパラを加えてざっと炒め合わせる。塩で味をととのえて器に盛り、粗びき黒こしょうをふる。

香り豊かな1品

セロリの中華あえ

材料（1人分）
セロリ（筋を取って斜め薄切り）　1/2本
乾燥桜えび　3g
しょうが（せん切り）　1かけ
A ┌ 酢・しょうゆ　各小さじ1
　├ 白すりごま　小さじ1
　└ ごま油　大さじ1/2

作り方
1　フライパンを熱し、桜えびを入れて焦がさないようにからいりする。
2　ボウルにAを入れて混ぜ、セロリ、しょうが、1の桜えびを加えてあえる。

うずら卵のゆずこしょう炒め

材料（1人分）
うずら卵（水煮）　6個
A ┌ ゆずこしょう　小さじ1/3
　├ 酒　大さじ1
　└ 塩　少々
サラダ油　大さじ1/2

作り方
フライパンにサラダ油を熱し、水けをよくきったうずら卵を入れて軽く炒める。混ぜ合わせたAをまわし入れて、ざっと炒め合わせる。

レモンれんこん

材料(1人分)
れんこん(薄いいちょう切り) 150g
A ┌ レモン汁 約大さじ2(1個分)
  │ 砂糖 小さじ2/3
  │ 塩 小さじ1/3
  │ こしょう 少々
  └ オリーブ油 大さじ1

作り方
1. Aはボウルに合わせておく。
2. れんこんは水にさらしてから、熱湯で1分ほどゆで、透き通ってきたらざるにあげて水けをよくきる。
3. 2のれんこんを熱いうちにAに漬け、味がなじんだら器に盛る。

生しいたけの焼き漬け

材料(1人分)
生しいたけ(軸を取る) 4個
A ┌ めんつゆ(3倍濃縮) 大さじ1
  └ 水 大さじ2

作り方
しいたけは魚焼きグリルで2〜3分焼く。Aはボウルに合わせておき、しいたけが焼けたらすぐに漬け込む。

| シャキシャキの歯ごたえ |

たたき長いもの梅のりあえ

材料（1人分）
長いも　100g
梅干し（種を取る）　1個
焼きのり　全型1/2枚

作り方
1　長いもは皮をむいてポリ袋に入れ、めん棒などで粗めにたたく。
2　ボウルに1を入れ、梅肉とのりをちぎり入れてあえる。

野沢菜のごま風味しょうゆ炒め

材料（1人分）
野沢菜漬け（2cm幅のざく切り）　100g
A ┌ 酒　大さじ1/2
　├ しょうゆ　少々
　└ 塩　少々
白いりごま　大さじ1
しょうが（みじん切り）　1かけ
ごま油　大さじ1/2

作り方
フライパンにごま油を中火で熱し、しょうがと野沢菜漬けを入れてサッと炒める。少ししんなりしたらAを順に加えてざっと炒め、いりごまをふり入れてからめる。

もやしのコールスロー

材料(1人分)
もやし　1/2袋(100g)
A［　酢　大さじ2
　　　砂糖・塩　各小さじ1/3
　　　粗びき黒こしょう　適量
　　　オリーブ油　大さじ2　］

作り方
もやしはひげ根を取って、耐熱容器に入れ、ふんわりラップをして電子レンジで1分加熱する。ボウルにAを入れて混ぜ、水けをよくきったもやしを入れてなじませる。

かぼちゃのごま煮

材料(1人分)
かぼちゃ　150g
水　1/2カップ
A［　砂糖　大さじ1/2
　　　しょうゆ　大さじ1/2　］
黒すりごま　大さじ1/2

作り方
1　かぼちゃは種を取り、ひと口大に切る。
2　鍋に水とかぼちゃを入れてひと煮立ちしたら、Aを加える。アルミホイルで落としぶたをして、中火で煮る。汁けがなくなったら、黒すりごまをふり入れて混ぜ、火を止める。

素材別インデックス

この本で紹介する雑炊やおかずに使う素材をピックアップしました。

【肉・加工肉】

牛 肉
牛肉とごぼうのつくだ煮雑炊・・・・・・ 95
ソルロンタン風雑炊・・・・・・・・・ 27
プルコギ雑炊・・・・・・・・・・・ 38

鶏 肉
簡単サムゲタン風雑炊・・・・・・・・ 16
ささみのゆずこしょう雑炊・・・・・ 102
鶏肉ときのこのみそ豆乳雑炊・・・・・ 33
フォー風雑炊・・・・・・・・・・・ 21

豚 肉
カレー雑炊・・・・・・・・・・・・ 32
五目中華雑炊・・・・・・・・・・・ 14
にらキムチ雑炊・・・・・・・・・・ 24
豚ポン雑炊・・・・・・・・・・・ 105

ひき肉
塩ちゃんこ雑炊・・・・・・・・・・ 25
タコライス雑炊・・・・・・・・・・ 35
担々雑炊・・・・・・・・・・・・ 18

ソーセージ
キャベツとソーセージのミルク雑炊・・・ 84

チャーシュー
もやしのみそバター雑炊・・・・・・・ 96

ハ ム
えびドリア風雑炊・・・・・・・・・ 34
簡単ポテサラ・・・・・・・・・・ 119
スパイシーハム雑炊・・・・・・・・ 57

ベーコン
モロヘイヤとベーコンの雑炊・・・・・ 89

【魚介】

あさり
あさりと長ねぎのしょうゆ雑炊・・・・・ 39

韓国風スンドゥブ雑炊・・・・・・・・ 26

い か
いか焼き雑炊・・・・・・・・・・・ 37

え び
えびチリ雑炊・・・・・・・・・・・ 30
えびドリア風雑炊・・・・・・・・・ 34
トムヤムクン風雑炊・・・・・・・・ 20

か き
かきの和風雑炊・・・・・・・・・・ 19

鮭
鮭じゃが雑炊・・・・・・・・・・・ 29

しらす
トマトとしらすのスープ雑炊・・・・・ 103

た こ
たこと玉ねぎのイタリアン雑炊・・・・・ 22
たこと水菜の梅マヨ・・・・・・・ 118

たらこ
焼きたらこバター雑炊・・・・・・・・ 46

ぶ り
ぶりとかぶの甘辛雑炊・・・・・・・・ 28

明太子
明太しそ雑炊・・・・・・・・・・・ 56

刺身（好みのもの）
刺身のせ雑炊・・・・・・・・・・・ 36

【野菜・いも】

アボカド
タコライス雑炊・・・・・・・・・・ 35

大 葉
梅じそ雑炊・・・・・・・・・・・・ 51
トマトとしらすのスープ雑炊・・・・・ 103
明太しそ雑炊・・・・・・・・・・・ 56

オクラ
オクラと貝割れ菜の黒米雑炊・・・・・ 76

貝割れ菜・スプラウト
オクラと貝割れ菜の黒米雑炊・・・・・ 76

ささみのゆずこしょう雑炊・・・・・・ 102
塩麹雑炊・・・・・・・・・・・・・ 48
ちくわと貝割れ菜のゆずこしょう雑炊・・・ 59

か ぶ
かぶの辛み漬け・・・・・・・・・ 116
ぶりとかぶの甘辛雑炊・・・・・・・ 28

かぼちゃ
かぼちゃ雑炊・・・・・・・・・・ 79
かぼちゃのごま煮・・・・・・・・ 123

キャベツ
キャベツとソーセージのミルク雑炊・・・ 84
キャベツとパプリカのアンチョビ雑炊・・・ 86
コンビーフとキャベツのカレースープ雑炊 101
大豆とこまごま野菜雑炊・・・・・・・ 93
野菜のにんにくマヨソースあえ雑炊・・・ 88

きゅうり
油揚げときゅうりの昆布茶雑炊・・・・ 104
きゅうりとみょうがの塩もみ・・・・・ 115
たたききゅうりのピリ辛甘みそ・・・・・ 117

グリーンアスパラ
グリーンアスパラのペペロンチーノ・・・ 119

クレソン
クレソンとツナのさっぱり雑炊・・・・・ 87

ゴーヤ
ゴーヤとスパムの雑炊・・・・・・・ 94

コーン（水煮または冷凍）
コーンバター雑炊・・・・・・・・・ 54

ごぼう
牛肉とごぼうのつくだ煮雑炊・・・・・ 95

小松菜
小松菜と桜えびの雑炊・・・・・・・ 90
小松菜のシンプル塩炒め・・・・・・ 117

さつまいも
さつまいも雑炊・・・・・・・・・ 74

里いも
里いも雑炊・・・・・・・・・・・ 77

じゃがいも
カレー雑炊・・・・・・・・・・・ 32
簡単ポテサラ・・・・・・・・・ 119
鮭じゃが雑炊・・・・・・・・・・ 29
じゃがいものシャキシャキサラダ・・・・ 118

セロリ
セロリの中華あえ・・・・・・・・ 120

大 根
根菜雑炊・・・・・・・・・・・・ 85
ソルロンタン風雑炊・・・・・・・・ 27
大根の水キムチ風・・・・・・・・ 116
トマトのおろしポン酢・・・・・・・ 115

大豆（水煮）
大豆とこまごま野菜雑炊・・・・・・・ 93

たけのこ（水煮）
五目中華雑炊・・・・・・・・・・ 14

玉ねぎ
えびドリア風雑炊・・・・・・・・・ 34
カレー雑炊・・・・・・・・・・・ 32
キャベツとソーセージのミルク雑炊・・・ 84
大豆とこまごま野菜雑炊・・・・・・・ 93
たこと玉ねぎのイタリアン雑炊・・・・・ 22
タコライス雑炊・・・・・・・・・ 35
トムヤムクン風雑炊・・・・・・・・ 20

トマト
トマトとしらすのスープ雑炊・・・・・ 103
トマトのおろしポン酢・・・・・・・ 115
リゾット風トマト雑炊・・・・・・・・ 72

長いも
たたき長いもの梅のりあえ・・・・・ 122

長ねぎ
あさりと長ねぎのしょうゆ雑炊・・・・・ 39
えびチリ雑炊・・・・・・・・・・ 30
落とし卵雑炊・・・・・・・・・・ 55
韓国風スンドゥブ雑炊・・・・・・・ 26
豚ポン雑炊・・・・・・・・・・ 105

な す
大豆とこまごま野菜雑炊・・・・・・・ 93
焼きなすとみょうがのほうじ茶漬け・・・ 109

にら
- 担々雑炊 ・・・・・・・・・ 18
- にらキムチ雑炊・・・・・・・ 24

にんじん
- カレー雑炊・・・・・・・・・ 32
- 五目中華雑炊・・・・・・・・ 14
- 根菜雑炊・・・・・・・・・・ 85
- 大豆とこまごま野菜雑炊・・・ 93
- プルコギ雑炊・・・・・・・・ 38
- 野菜のにんにくマヨソースあえ雑炊・・・・ 88

白菜
- くたくた白菜と帆立の雑炊・・・ 92

パプリカ
- キャベツとパプリカのアンチョビ雑炊 ・・・ 86

万能ねぎ
- ねぎと豆腐のあんかけ雑炊・・・・・・・ 97

ピーマン
- プルコギ雑炊・・・・・・・・ 38

プチトマト
- たこと玉ねぎのイタリアン雑炊・・・・・・ 22
- タコライス雑炊・・・・・・・ 35

ほうれん草
- みどり雑炊・・・・・・・・・ 78

水菜
- 塩ちゃんこ雑炊・・・・・・・ 25
- たこと水菜の梅マヨ・・・・・ 118
- 水菜とかにかまの卵とじ雑炊・・ 81

三つ葉
- いか焼き雑炊・・・・・・・・ 37
- かきの和風雑炊・・・・・・・ 19

みょうが
- きゅうりとみょうがの塩もみ ・・・・・ 115
- 焼きなすとみょうがのほうじ茶漬け ・・・ 109

もやし
- 担々雑炊 ・・・・・・・・・ 18
- プルコギ雑炊・・・・・・・・ 38
- もやしのコールスロー・・・・ 123
- もやしのみそバター雑炊・・・ 96

モロヘイヤ
- モロヘイヤとベーコンの雑炊 ・・・・・・ 89

山いも
- とろろ雑炊・・・・・・・・・ 82

レタス
- タコライス雑炊・・・・・・・ 35
- フォー風雑炊・・・・・・・・ 21

れんこん
- 根菜雑炊・・・・・・・・・・ 85
- 大豆とこまごま野菜雑炊・・・ 93
- レモンれんこん・・・・・・・ 121

【きのこ】
- あさりと長ねぎのしょうゆ雑炊・・ 39
- 簡単サムゲタン風雑炊・・・・ 16
- きのこの豆乳雑炊・・・・・・ 80
- 五目中華雑炊・・・・・・・・ 14
- 塩ちゃんこ雑炊・・・・・・・ 25
- トムヤムクン風雑炊・・・・・ 20
- 鶏肉ときのこのみそ豆乳雑炊・・ 33
- 生しいたけの焼き漬け・・・・ 121
- 野菜のにんにくマヨソースあえ雑炊・・・ 88

【卵・うずら卵】
- いり卵雑炊・・・・・・・・・ 100
- うずら卵のゆずこしょう炒め・・ 120
- 落とし卵雑炊・・・・・・・・ 55
- 基本の中華風卵雑炊・・・・・ 64
- 基本の和風卵雑炊・・・・・・ 60
- 納豆チゲ雑炊・・・・・・・・ 53
- にらキムチ雑炊・・・・・・・ 24
- 水菜とかにかまの卵とじ雑炊・・ 81

【チーズ】
- えびドリア風雑炊・・・・・・ 34
- タコライス雑炊・・・・・・・ 35
- とろ〜リチーズ雑炊・・・・・ 44
- リゾット風トマト雑炊・・・・ 72

【豆腐・大豆製品】
油揚げ
- 油揚げときゅうりの昆布茶雑炊・・・・ 104
- 鶏肉ときのこのみそ豆乳雑炊・・ 33

豆腐
- 韓国風スンドゥブ雑炊・・・・ 26

ねぎと豆腐のあんかけ雑炊・・・・・・・97

納　豆
納豆チゲ雑炊・・・・・・・・・・・・53

【乾物・缶詰・加工品ほか】
味つきザーサイ
ザーサイ中華茶漬け・・・・・・・107

アンチョビ
キャベツとパプリカのアンチョビ雑炊・・・86

梅干し
梅じそ雑炊・・・・・・・・・・・51
たこと水菜の梅マヨ・・・・・・・118
たたき長いもの梅のりあえ・・・・・122

かに棒かまぼこ
水菜とかにかまの卵とじ雑炊・・・・81

コンビーフ缶
コンビーフとキャベツのカレースープ雑炊・・101

桜えび
小松菜と桜えびの雑炊・・・・・・・90
セロリの中華あえ・・・・・・・・120

鮭フレーク
きのこの豆乳雑炊・・・・・・・・80

しば漬け
彩り漬けもの茶漬け・・・・・・・108

スパム缶
ゴーヤとスパムの雑炊・・・・・・94

せんべい
せんべい茶漬け・・・・・・・・・106

たくあん
彩り漬けもの茶漬け・・・・・・・108

ちくわ
ちくわと貝割れ菜のゆずこしょう雑炊・・・59

ツナ缶
クレソンとツナのさっぱり雑炊・・・・・87

なめたけ
ピリ辛なめたけ茶漬け・・・・・・・111

野沢菜漬け
彩り漬けもの茶漬け・・・・・・・108
野沢菜のごま風味しょうゆ炒め・・・・122

白菜キムチ
納豆チゲ雑炊・・・・・・・・・・53
にらキムチ雑炊・・・・・・・・・24

春　雨
トムヤムクン風雑炊・・・・・・・・20

帆立缶
くたくた白菜と帆立の雑炊・・・・・92

もずく
もずく雑炊・・・・・・・・・・・49

焼き鳥缶
焼き鳥雑炊・・・・・・・・・・・58

焼きのり
おにぎり茶漬け・・・・・・・・・110
たたき長いもの梅のりあえ・・・・・122
のり雑炊・・・・・・・・・・・・50

冷凍焼きおにぎり
おにぎり茶漬け・・・・・・・・・110

わかめ
わかめ雑炊・・・・・・・・・・・52

【雑炊トッピング】
いりごま＋しば漬け・・・・・・・・63
いり松の実・・・・・・・・・・・67
おかかじょうゆ・・・・・・・・・63
カリカリじゃこ・・・・・・・・・63
カリカリにんにく・・・・・・・・67
黒ごましらす・・・・・・・・・・63
黒酢ねぎ・・・・・・・・・・・・67
ごまザーサイ・・・・・・・・・・67
しょうがのごま油漬け・・・・・・・67
チーズ梅・・・・・・・・・・・・63
ねぎ＋おろししょうが・・・・・・・63
ねぎラー油・・・・・・・・・・・67
のりのつくだ煮＋みょうが・・・・・63
ピリ辛万能ねぎ・・・・・・・・・67

武蔵裕子 むさしゆうこ

料理研究家。和食をはじめ、洋風、中華、エスニックなどさまざまな分野の料理に精通し、雑誌や書籍のほか、企業レシピの開発などで活躍。日々新しい食材やレシピの探求を欠かさず、家庭でも簡単においしく作れるようにアレンジした料理が人気。『基本のおかずレッスン帳－ちょっとのコツで、とびきりおいしい！』（小社）、『魚焼きグリルでかんたん本格レシピ』（世界文化社）、『これならできる!! 毎日ラクチン！ 作りおき＋使いきりおかず』（永岡書店）など著書多数。

撮　　影　木村 拓（東京料理写真）
アートディレクション・デザイン　遠矢良一（ARTR）
編集・スタイリング　坂本典子（シェルト゛ゴ）
取　　材　佐藤由香（シェルト゛ゴ）
校　　閲　滝田 恵（シェルト゛ゴ）

今日はどれにする？
86のおいしい雑炊

著　者　武　蔵　裕　子
発行者　富　永　靖　弘
印刷所　公和印刷株式会社

発行所　東京都台東区台東4丁目7　株式会社 新星出版社
〒110-0016　☎03(3831)0743　振替00140-1-72233
URL http://www.shin-sei.co.jp/

Ⓒ Musashi Yuko　　　　　　　　　　　Printed in Japan

ISBN978-4-405-09251-8